爆品

方法论

陈轩 / 著

天地出版社 | TIANDI PRESS

图书在版编目（CIP）数据

爆品方法论 / 陈轩著. —成都：天地出版社，
2019.1

ISBN 978-7-5455-4064-2

Ⅰ.①爆… Ⅱ.①陈… Ⅲ.①网络营销 Ⅳ.①F713.365.2

中国版本图书馆CIP数据核字（2018）第152551号

爆品方法论

BAOPIN FANGFALUN

出品人　杨　政
著　者　陈　轩
责任编辑　张秋红　孟令爽
装帧设计　思想工社
责任印制　葛红梅

出版发行　天地出版社
（成都市槐树街2号　邮政编码：610014）
网　址　http://www.tiandiph.com
http://www.天地出版社.com
电子邮箱　tiandicbs@vip.163.com
经　销　新华文轩出版传媒股份有限公司

印　刷　天津文林印务有限公司
版　次　2019年1月第1版
印　次　2019年1月第1次印刷
成品尺寸　165mm×235mm　1/16
印　张　18.75
字　数　266千
定　价　49.00元
书　号　ISBN 978-7-5455-4064-2

咨询电话：（028）87734639（总编室）
购书热线：（010）67693207（市场部）

爆品养成九字箴言

北京有个创业团队做红酒电商。据透露，获得1位客户的成本是130元，而主打的红酒产品成本每瓶只有60元。连续花费巨资砸了四年广告，销量依然毫无起色，现在元气大伤，裁员一多半，已奄奄一息。

这个时代，人人都渴望打造爆品，但靠钱砸出来的伪爆品居多。

没有流量，就没有销量。道理是没错，但投入产出比永远是最根本的评价指标。不带来利润的高流量产品，不叫爆品。

美特斯邦威创始人周成建说："我曾经走了一些错路，把互联网当成使命，花了很多钱去买流量，但那些流量是留不住的，钱白烧了。如果把互联网作为工具，还是极其有价值的。"

企业的根本使命是创造顾客，数字时代，顾客已经幻化为PV（Page View，即页面浏览量）和UV（Unique Visitor，指独立访客访问量，即页面浏览量），企业竞争转化为流量的争夺。

请"小鲜肉"做代言是为了流量，搞公益捐赠也是为了流量，80后程序员天天琢磨SEO（Search Engine Optimization，指搜索引擎优化）是为了流量，70后企业家和足协互怼为了流量，某60后企业领导人秀全世界飞来飞去同样是为了流量。

只有让源源不断的流量转化为真金白银的利润，企业才能活下来，产品迭代、交互设计、归属感营造等后续动作才能展开。但从哪得到低成本的流量呢？传统的流量获取方式到底靠不靠谱？

“美丽说”花了3.38亿冠名《跑男3》，收效甚微。创始人徐易容说：“2013年、2014年，互联网公司冠名或植入电视综艺非常有效，但2015年、2016年后，即使冠名所谓现象级的电视节目，也不过覆盖了用户几秒钟的时间，并不能有效触达某个三四线城市的目标用户，形成转化。”

徐易容还做了一个形象的比喻：“靠打广告来赚取流量，这种东西，好比你在天上开着飞机转一圈，全国人民都听到你的轰隆声了，但人们没什么反应。我们真正应该思考的是‘渠道’。”

再举个例子，帮大家大致算算费用销售比。比如电视广告，即使现象级的内容，如《舌尖上的中国》，也才平均1%的收视率，按照1500万观众的到达传播，按3‰的转化率，也就45000人的转化量，客单价（Per Customer Fransaction，指每一个顾客平均购买商品的全额）算到1000元，销售额才4500万。而《舌尖上的中国2》的冠名卖了多少？卖了1个亿，客单价上了2200元，才刚刚凑够广告费。如果净利润算10个点，客单价得上22000元。到最后，也就地产、汽车等高客单价的企业才玩得起，还有烧钱的互联网企业、规模效应起来了的快消品企业能走两局。对于创业公司，怎么算都不划算。

这就是2015年之后很少有创业企业玩TVC（Television Commercial，指电视广告影片）的原因：一言以蔽之，拉不来流量，算不过来账。

亏大了的红酒电商，懊恼的美特斯邦威，悔恨3亿打水漂的“美丽说”，证明了一点：靠钱砸爆品，已经越来越不靠谱了。

2015年，我的一位朋友，在上海创业，为了迅速获得流量，在某省报投了

38万的广告，结果来电量才19个，其中一半还是拉广告的。2016年年初，我在成都接受采访获悉，当地最牛的报纸发行量沦落为两年前的十分之一，但是，刊例价反而涨了。你说可不可笑?

传统媒体已经是沉船，那互联网媒体如何呢? 像百雀羚，投上三四千万，让几百个公众号去分钱，然后呢? 没有然后了。销售额在哪啊? 当然，如果纯粹为了制造话题，另当别论。打造爆品，是要创造话题性，但老板们不会花上几千万去创造一个话题。

我另一位前同事创业做汽车用品，在某垂直公众号投广告。早上9点，图文信息发出去，浏览量保持在110，到了晚上8点，奇迹出现了，浏览量不到半小时飞涨到8300，只能说水军相当不专业，太水了。

总体而言，现在营销的难度要比10年前大多了，体现在三方面：首先，大众创业时代，流量抢夺比以前激烈多了；其次，流量太琐碎，太垂直，难以有规模效应和范围效应，稍微发散，费用预算又大得惊人；此外，传统媒体又贵又不好用，新媒体水又太深。

根据国内移动互联网大数据分析，腾讯、阿里巴巴、百度、今日头条已经占据了中国移动互联网77%的使用时长，企业的话语权越来越弱。流量呢? 在可预计的未来，自然是越来越贵。

到底如何获得流量? 其实我们稍微把思路往回倒一下会发现：BAT（B=百度、A=阿里巴巴、T=腾讯，这是三大互联网公司首字母的缩写）是以互联网为底层构架，通过搜索、电商和社交获得流量，而后以广告、电商和游戏的方式变现，构建起自己的商业帝国。从起点到终点，从毛孔到血管，从产品到投资，都是流量的外化和内化。而如今呢? 互联网赢家通吃的效应越来越明显：Facebook的净利润率达到50%，阿里巴巴的净利润率达到33%。

对于创业者而言，或者对于新产品而言，如何绕开互联网巨头的封锁，躲过他们设的局，如何不跌入传统媒体的坑，而获得低成本的持续的流量，成为当务之急。

于是，整个事情的思考脉络就很清晰了：在这个时代，你开了家公司，产品不错，最大的问题是知道的人太少，有意向购买的流量不足。在目标客户不知道你的时候，你打错了方向，打光了子弹，那么创业必然失败。

问题的关键在于，资金预算非常少的前提下，怎样让更多人知道，进而让目标客户知道，并且愿意购买？

营销是经济学的儿子，研究的是核心资源如何优化配置的问题。手里就这么多钱，你是愿意去雇一个专业人员，还是愿意去砸微博的开屏广告或者去砸几个大号？砸出去之后，销量能不能上去，利润能不能回来？你整个项目的周期，是一年、两年，还是三年、五年？家里的余粮还能扛几个月？投资人还愿意等多久？

我曾经开过玩笑，现在的创业成败，某种意义上就是口袋深浅的问题。口袋深，风风光光多活几年；口袋浅，抠抠搜搜捉襟见肘。《西游记》里，妖怪们在即将被孙悟空打死的0.01秒钟前，就被观音娘娘接走了，你有没有观音娘娘这种关系和出路？如果没有，唯一能抓住的存活路径就是移动社交媒体。

移动社交媒体对于爆品打造有四个优势：

1．它是免费的。还有比这更大的优势吗？

2．它大大压缩了时空的阻隔，将消息传递和交易摩擦降到极低。

3．它是说服力极强且转化率极高的神奇的网络。作为社交链的载体，人与人的信任成本极低，品牌如果能沿着社交链传播，相当于亲友之间相互背书，这比单纯求曝光的硬广的转化率要高上几十倍。

4．一旦结合强有力的营销信息，就有可能在移动社交网络上形成爆品，于企业而言，这是低成本且有可能一夜风行天下知的营销捷径。

在移动社交媒体上展开动作，通过内容信息的打造，把一个产品信息变成一个病毒，让它在微博、微信、今日头条、百度百家、一点资讯、抖音、快手、小咖秀等社交平台上去生存，去繁衍，去传染，把目标用户聚集在一起，形成一个内容的“喂养”系统，从而在虚拟世界之中，创造出一个基于内容生态的品牌，以这种信息流获得目标用户的资金流，完成价值交换。我坚信，这是当下最好的导流和留住流量的方式。

因为这种流量，是基于认同所吸引过来的，归属感更强，不存在像刷CPM（Cost Per Mille，千人成本，指一种媒体送达1000人或“家庭”的成本计算单位）式“露水姻缘”。这种流量是品牌感召元素精心组合的结果，与受众的情感更契合，能超越商业，创造更真诚的参与感，最终实现线上、线下全渠道的聚合转化。

“做内容、养粉丝、卖产品”，是这个时代打造爆品的九字箴言，让品牌变成真正的活着的生命体（俗称IP）。产品变成内容，品牌文化变成内容，企业家自己也要变成一个内容（俗称“网红”）。

五年前，我在上海一家4A广告公司待过，当时外国搭档有一句话，让我印象特深——“从媒体购买者变成内容创造者”。这条路是企业和企业家如今必走的一条路。在移动社交时代，如果企业不具备这种能力，注定会花很多冤枉钱；如果营销人不具备这种能力，迟早会被淘汰。说到底，爆品最终要直面销售额的问题。营销人的宿命就是要靠漂亮的费销比来证明自身的价值，不是吗？

爆品时代意味着既往的营销传播中所谓的“一对多、大洗脑”模式的彻底崩溃。这对营销和创意的要求，尤其是对移动社交媒体的熟稔程度要求极高。对于大企业是挑战，而对于小企业而言，则是弯道超车的良机。祝福大家在看完本书详细解析的经典案例之后，能早日突破盲点，打造出真正的爆品来。

C O N T E N T S 目录

第三章 / 强调法则
强调价值与归属，以专业形象示人

第四章 / 猎奇法则
寻找有趣与刺激，独乐乐不如众乐乐

第一章

爆品养成

未来十年的主流竞争方式

打造爆品：绝不仅仅是运营，更是战略

2008年，两个付不起房租的年轻人，攒了一个在线租房的网站，短短9年时间，它成为全球最大的在线租房平台，现在估值超过了310亿美元，这就是Airbnb。

Airbnb凭什么能成功？靠的是战略还是运营？

首先，我们来看看运营是什么。这是一个特别火的新词语。

我们团队之前有位设计高手，后来他去了某集团公司做互联网金融企业CEO。有一次，我特意请教他："互联网人最喜欢聊运营，到底什么是运营？"

他眨眨眼说："运营就是将咱们之前的品牌部、产品部、市场部、公关部……加一起。"

是这样吗？学术界回答得更深刻。经典管理学理论把管理从上到下分为三层：最上面的一层是战略管理，中间层是运营管理，最底下的塔基是职能管理。

运营管理要解决的问题是：在战略所限定的框架内，如何提高效率和控制成本。运营遵循的是"成本—效益"逻辑。

而战略要解决的是：What business should we be in ？（我们应该在哪个战场上去战斗？）和How shall we compete in this business? （我们该如何打败竞争对手？）战略遵循的是"方法—目标"逻辑。我看过一次数据：日

PV是3900万，日UV是690万。在全世界36亿网站中排名第340名。这是惊人的成功。

爆品运营和爆品战略，是构成卓越绩效的关键，但两者截然不同。

以爆品的方式来发展客户无疑具有四两拨千斤的效果。比如1996年的Hotmail（电子邮件提供商），每一次Hotmail用户发出电邮，邮件最后都有一行暗示用户背书的邀请："你可以到Hotmail注册免费电子邮件。"接收者中有一定比例的人会注册Hotmail，之后又以同样的方式将信息传给了其他人。这样Hotmail形成了病毒式连绵不绝的传播效果，短短一年时间就获得了1200万注册用户，成为行业巨头。

爆品战略是以爆品的主线贯穿企业的所有战略规划和执行。

除了Jim Collions（吉姆·柯林斯）的先人后事理念，Macheal Poter（迈克尔·波特）认为爆品战略由三部分构成：创造一个独特和有价值的位置，确定不做什么的取舍权衡，实现公司活动的协同策应来支撑战略。

Airbnb（爱彼迎，民宿平台）选择了短租平台，这是项目选择的病毒化。以商业生态系统的视角选择一个客户需求，一个能像病毒一样繁殖但边际成本递减的项目。

Airbnb提供了更经济、更有趣、更适合年轻人的体验价值。在官网中他写道："Welcome to airbnb，book unique homes and experience a city like a local。"（欢迎来到爱彼迎，住独一无二的民宿，像当地人一样的生活。）这是形象个性的爆品思维。

Airbnb的自我定位很坚定：经纪人、中间人、中介，然后组织公司资源全力策应这个战略。它从来没有涉足重资产，即使在获得总共8亿美金的融资之后。它坚持运用爆品思维，立足平台，用信息流去置换资金流，最终实现人与住宿、人与人的链接，这是创业最柔软、轻快的方式。

从这个角度，我们可以说，Airbnb可以不属于任何一类公司，但一定是一家全球顶尖的爆品公司。

99%的管理者和营销人都十分重视运营，每天要求各种数据、销售额、市场占有率、粉丝数、活跃度、阅读量等，忙忙碌碌，貌似很尽职，但基于爆品的思考远远不够。

如果只是把爆品当作运营来看，会被对手快速仿效。边际成本趋同，最终变成没钱赚的消耗战。只有从战略的视角出发，才能实现生产率从根本上的突围。所以，爆品，运营易逝，战略永恒。

我一直强调：爆品战略是未来10年的主流商战模式，爆品是移动社交时代的红利。原因在于，未来的商业就是互联网化的商业。大家想想BAT的强势。既然未来是互联网化的商业，无论你是打铁的、杀鸡的、卖饮料的、做内容的、做媒体的，你的底层逻辑和行事风格一定得互联网化。否则，就会出局。

中国目前有10亿移动互联网活跃用户。9.3亿的微信活跃用户、3.6亿的微博活跃用户、1.5亿的快手活跃用户、1500万的知乎活跃用户，这些数据引发了二次元和虚拟社交新消费群体的出现。

互联网把地球变成了村落，而移动互联网把地球变成了掌中宝。

2006年，经济学家Thomas L. Friedman（托马斯·弗里德曼）分析21世纪初期全球化的过程，认为“世界被抹平了”；10年过去了，我们发现：世界不仅仅被抹平了，而且被撕碎了，被结成了一张张大网，这一张张大网是由无数张独立的、去中心化的小网组成。

而这双撕碎一切的大手，就是移动社交网络。对付这一张张诡异的大网，最有效的方式是什么呢？爆品思维。

做个小结吧：

1. 爆品，一定要从战略的高度去把握。从运营的角度看爆品，容易演化成同质化竞争和刺刀见红的消耗战。真正要想跳出重围，提升生产率，关键是走爆品战略。

2. 从战略角度打造爆品，要关注三点：首先是独特和有价值的位置，涵盖了项目选择的爆品考量；然后是不做什么的克制；最后是通过组织架构和运营行动的策划协同，去支持战略，如架构与流程的设置、产品设计的病毒化、文案媒介的病毒化等。

3. 战略的种类很多，一切虚拟化的时代，还有比爆品战略更重要的吗？爆品战略，是应对一切行业移动化、社交化和互联化最有效的方式。“做内容、养粉丝、卖产品”，让品牌在世界这张虚拟化的大网中自己生长与繁殖，是这个时代营销的题中之意。

养成原理：
说利益，更说情感

有位盲人拿着一张纸板，坐在街边乞讨，纸板上写着："I'm blind, please help me."（我眼瞎了，请帮助我。）大街上虽然人来人往，但大家都熟视无睹。后来，有一个女孩走过来，帮盲人在纸板上重新写道："It's a beautiful day, but I can't see it."（今天是美好的一天，但我却看不到。）很快，给盲人钱的行人开始多了起来。

这就是爆品营销中情感的力量。情感是爆品的魔咒，占领的是心灵份额。

八年前我为一家蓝莓饮料企业做营销。企业老板拿出产品手册，我一看，密密麻麻12个卖点，全是在说利益，比如能改善皮肤、能帮助睡眠、能提高视力、增强性功能……就差说这是神药了。

最终我帮这个"野果王"品牌改名为"北纬53度"（因为其工厂在中国最北端的漠河），广告语换做"北纬53，爱恋你的眼！"再加上从包装到渠道重新规划，跻身蓝莓品类大风口，当年销售额翻了好几倍。

"爱恋你的眼"，这句病毒口号，我琢磨了两个多月。我认为它的成功在于将利益和情感黏在了一起——利益呢？将其他11条卖点全部砍掉，只留下与目标群体认知最近的、最顺理成章、最不需要教育成本的点：提高视力。情感呢？借用恋爱中男女的情感，塑造一个令年轻人怦然心动又心领神会的感觉。如同歌里唱的"从你的眼到心田"。举这个实战案例，就是想说明：爆品虽讲利益，更讲情感。

再举个线上的例子：2016年2月，我在微博上做过一场活动，3天获得了2157次转发和1605个评论。而费用呢？只有区区300多元的礼品采购。

说起来也比较简单。主题是“开学季，替妈妈给宝贝送礼物”，召唤妈妈们转发微博且@两位好友，说出想送宝宝什么礼物，我们来抽奖。这是典型的融利益与情感为一体的爆品营销案例。

策划的两个关键点：一是给妈妈们一个强有力的转发和参与理由。母爱，这个理由如何呢？二是要给妈妈们一个宣扬母爱的通道，还有比微博更合适的平台吗？

爆品养成是一门精深的技术，但光有技术是远远不不够的。乔布斯说，技术要与人性结合，才能产生我们的心为之歌唱的结果。

2012年伦敦奥运会上，刘翔摔倒退赛，耐克迅速发出一张海报：“爱运动，即使它伤了你的心。”这张海报瞬间被疯狂转发。替大众宣泄遗憾，又以对运动的热爱宽慰伤心的大众。这已经到了脱离利益谈价值观的高度。

谈情感离不开对人性的洞察。以色列学者尤瓦尔·赫拉利说：“在数百万年的时间里，人类处于食物链的中间位置，10万年前智人崛起，人类才蹿到生物链顶端。人类所有的快乐悲伤忧虑，都源于这场仓促的地位跳跃。从现代心理学来讲，正是延续了10万年的身份焦虑，造成了我们内心永远无法平息的空虚和不满。”

情感探索，本质上是借助投射和投射性认同的力量。如同粉丝对明星的预期，目的是击败自我孤独和焦虑感，获得陪伴感和安全感。但这种情感该如何建立呢？讲故事呗！

2017年诺贝尔经济学奖获得者、“行为经济学之父”Richard Thaler（理查德·塞勒），其名下有个基金公司，资产总规模达到10亿元美金。过去5年的年均回报率达到16.5%，打败了90%以上的竞争对手。他的团队总结成功经验时说：“一般而言，人们会对鲜明且带有情感色彩的故事反应过度，在信息沉闷或有明确预期的情况下，反应冷淡。”

说到讲故事，没有比《中国好声音》这档节目更娴熟的了。《中国好声音》有位叫刘悦的歌手，之前做晚会策划出身。她的一曲《寂寞先生》，令人印象深刻。面对记者的采访，刘悦说：“从幕后到台前，短短的一步之遥，我用了整整十年。”这20个字，就是一个历经千锤百炼、病毒性十足的好故事。所有情绪都在其中，她安慰着电视机前无数个默默无闻的奋斗者，当然也召唤这些人将自我投射到她身上。

品牌的本质，是承载了人类情感、经过市场认证了的故事。耐克承载的是自我奋斗的故事，可口可乐承载的是全家欢乐分享的故事，苹果承载的是内省蜕变的故事。用故事去升华情感，用情感为品牌加持。

总之，人们不会因为你做什么、能带来什么利益而支持你，但他们会因为你做这件事的原因、你传递出来的情感、相信了你所叙述的故事，自觉自愿地为你流汗或流泪。

利益、情感和故事，是爆品养成的策划主线。利益缺乏力量，情感才能建立深刻的关联，而故事是激发情感的捷径。企业要尽早摆脱单纯的产品表述，激发受众的内心深处的情结，这才是真正创造爆品的开始。

终极目标：
做品牌，更要做平台

大家可能听过《罗辑思维》这档节目，早先它是罗振宇先生的脱口秀，后来听的人多了，就成了经营平台；Papi酱呢？原来是90后姜逸磊的脱口秀，现在Papitube（短视频创作者）还不够火，所以她还只是个品牌。

首先要靠爆品带来低成本的流量，流量滋润之下，品牌宝宝出生了。然后呢？流量越来越多，就成了平台。比如"5年时间圈到了2亿17岁到35岁的用户"的小米，如今不只是一个手机品牌，更是一个几乎无所不卖的电商平台了。

简而言之，品牌和平台，是流量发展的两个阶段。品牌是平台的根基，是流量孕育的IP雏形；平台是品牌发展的高阶状态，也是流量帝国的辉煌水晶宫。

平台的流量是现实的、稳定的、规模化的流量。品牌呢，是流量的初步成形，是策略的"一点突破"，是商业的萌芽。爆品，不只是冲着打造品牌去的，爆品的野心是做平台。只有当"品牌平台化"，建立好锁住流量的矩阵之后，企业才算真正松口气。比如，赵本山与刘老根大舞台；比如，小米手机与小米生态链；比如，《罗辑思维》与"得到"APP。

品牌与平台的本质区别是"复制"。赵本山的刘老根大舞台，就是"想复制出无数个赵本山的成功"，雷军的小米生态链的本质是"想再复制出无数个小米手机的成功"，罗振宇"得到"APP的本质是"想再复制出无数个

《罗辑思维》的成功”；京东切入图书、大家电、母婴用品，四面出击，就是为了复制出无数个3C品类的成功。

爆品养成，初期任务是导流量、做品牌，要的是曝光和销量的双提升；后期任务是要做平台，做好矩阵，永久地锁住流量。其根本目标，还是降低流量获取成本。

理清了品牌和平台的关系，接下来分析下，究竟该如何借助爆品做平台。回答这个问题之前，我们要琢磨下，小米为什么能成功?

小米，一是生态化，二是互联网思维。从爆品的视角来看，就是导流圈粉。但流量有那么好导吗？粉丝有那么好圈吗?

小米很稳，靠产品圈粉。小米以高性价比的产品为武器，如2500元的小米手机开始干掉了当年的“中华酷联”，如700元空气净化器完败动不动上千的“风扇+滤网”，如又美又好用的插线板干掉了毫无美感的蚂蚁军团，其他的如电视、盒子、路由器、移动电源、平衡车、摄像机、笔记本、电饭煲等，摧枯拉朽般重新定义了市场，5年时间圈到“2亿粉丝”，满足了平台对流量的饥渴。

小米是流量驱动型的组织，有高出品牌维度的平台思维，玩的是以生态为核心的协同策应，不能用工业化时代的传统定位法则来界定。

亚马逊创始人Jeff Bezos（杰夫·贝佐斯）说过一句话，蛮有意思：“零售商分两种，一种是想方设法怎样多赚钱，一种是想方设法为顾客省钱。我们属于第二种。”亚马逊打折产品占到总SKU（Stock Keeping Vnit，库存量单位）的56%，而沃尔玛才17%，高性价比的产品是亚马逊和小米的导流武器和圈粉武器。其实这是一条比较稳妥的从品牌到平台的发展路径。

靠着爆品所带来的流量和源源不断的粉丝，小米成了IP，成了平台。依靠小米的成功，再为“小米生态”输送流量。批量复制IP，批量圈粉，批量锁定流量。一个卖手机的，现在都卖番茄鸡蛋面了，你说成功不成功?

其实从品牌到平台的成功一跃，除了导流圈粉的爆品策略，还有一个关键原因就是抓住了某个时间节点的红利。比如，《罗辑思维》上线的时候，抓住了两个红利，第一个是微信红利，第二个是知识付费创业的红利。而经济型酒店是抓住了非黄金商圈的低房租红利、韩都衣舍是抓住了淘宝红利、万达是抓住了城市化进程加速和政府投资加速的红利。错过节点，也就错失了好的成长机遇，只能耐心等下一个红利来临。当然，能抓住一次红利，说明运气好，但每次红利来都能抓住，说明操盘手的认知能力已经超越了竞争对手，甚至超越了整个行业。这就是说，爆品的时机也很重要。

哈佛商业评论做过总结：平台的本质是独特优质资源的独占和运营，是以外部互动为特点的生态系统治理，是从供给侧的规模效应到需求侧的网络效应。

网络效应是平台的独特之处，也是互联网时代赢家通吃的原因。流量越多，粉丝越多。越多粉丝加入，平台的价值就越大。初创平台瞄准时代红利，通过极具竞争力的产品，或者通过疯狂烧钱，迅速导入流量建立品牌，以品牌为入口去圈粉丝，粉丝规模越大，平台的黏性越强，可替代性越低，平台的门槛就越高，最终形成生态圈，自己制定游戏规则。如马云的淘宝、马化腾的微信。

小结一下：为什么说做爆品更是为了做平台？

1. 爆品的直接目标是提升品牌曝光度和销量，初级目标是让品牌一夜风行，最终目标是形成一个稳固的锁住流量的矩阵。

2. 从品牌到平台有很长的路要走，用资本还是用产品作为爆品养成的工具，是爆品战略要考虑的问题。到底在哪个战场去战斗？如何击败竞争对手？

3. 只有看见未来，才能布局、卡位、等风来。当然，也得拼运气。

执行法则：“森林火灾”效应

2017年8月29日，你的朋友圈有没有被一个H5（H5是Html5的简称，是一种超文本标记语言，H5强化了Web网页的表现性能；追加了本地数据库等Web应用的功能。打开H5，有画面，有音乐，有动画，解决了以前移动端不支持多媒体的难题。微信朋友圈的邀请函、幻灯片、小游戏等都是H5网页，H5主要用于品牌传播、活动推广、产品展示）刷屏？这个H5叫《小朋友的画》，是由腾讯公益发起的募捐活动。画是由患自闭症、智力障碍、脑瘫的儿童创作的，你只需捐赠1元，就能获得一幅画当手机桌面，还可以分享给朋友们。这个爆品，一天吸引了580万人参与，最终筹集到了1500万的善款。

一元卖画的创意和执行是可控的，筹资结果却是完全失控的。这就是打造爆品的魅力之处，一种在失控之中寻找控制感的游戏。

20年前美国陆军战争学院对未来世界作出展望，认为未来的世界是起伏的、复杂且难以预测的。他们用四个词来描述，即动荡、无常、复杂和模糊。其实一个词就可以总结，那就是失控。

凯文·凯利对失控给出了解药：森林火灾营销（Forestfire Marketing）。面对动荡的传播效果、无常的消费偏好、复杂的售卖渠道和模糊的行业边界，营销人只能以失控来对付失控、以不变来应付万变，坚持只做一件事：不断点燃火柴扔出去。我们相信森林肯定会着火，但什么时候着火？火能烧多大？能烧多久？我们不知道，我们容忍并接纳“失控”。

实践中，经常被质疑。你这么玩，到底能不能“爆炸”或者说“一夜成名”？坦白讲，我不知道。如今的商业错综复杂，变量太多，我们只能尽人事听天命。套用《孙子兵法》里的答复：“胜可知，不可为。”胜利是可以预见的，但不可强求。

无论哪个时代的营销，核心挑战都是“如何控制住消费者的大脑”。

以前很好控制，因为消费者的资讯单一。上个世纪90年代，消费者几乎都被央视、晚报和“经济之声”所控制，任何新品，只要借助主流媒体，“高空轰炸+密集渠道+人海拦截”，三板斧就能迅速雕塑品牌认知，将销量做起来。

但现在呢，互联网，尤其是移动互联网，将垄断的资讯吞噬和解体，“指数级”的资讯将消费者的注意力碎片化，无所不在的社群又极大增加了消费者的议价能力，颠覆了企业与顾客的攻守关系。内容的极大丰富衍生出消费者千变万化的个性化欲望，我曾用“世界破碎了”“族群出现了”“消费者造反了”和“边界模糊了”来总结失控。

世界破碎了，所以族群出现了；族群出现了，所以消费者造反了；消费者造反了，所以企业的边界模糊了。既然企业的边界模糊了，那就要容忍适度的失控。爆品打造就是要让产品信息在社会化网络上被爆发式分享、无休止传播和持续地撼动人心。本质上就是令人印象深刻的、企业梦寐以求的失控。

那么，该如何从失控之中寻找控制感呢？幸好我们还有四块稳固的基石：

一、人的非理性

时代发展日新月异，我们还是被情绪和本能所控制。对孤独的恐惧、对猎物的需求、对终结感的迷恋根深蒂固。在远古时代被部落抛弃必死无疑，而在物质极大丰富的今天，人类源自古代而来的社交冲动、从众心理有增无减。对食物的寻觅和争夺，造成了现代人消费成瘾、需求无度的现状。对终结感的迷恋，更是一道解不开的魔咒。这些都是人性的局限，都是人的非理性，也是爆品基于人性开展动作的前提。

二、大脑对新奇的病态化渴求

大脑对意料之外的事物充满了病态化的渴求，这也是新奇别致的营销总能出奇制胜的根本原因。2017年9月15日，一支名为《深夜，男同事问我睡了吗……》的H5霸屏朋友圈，4天浏览量上千万。以单身女白领深夜收到男同事微信的暧昧场景为起点，不断反转纠结，结果男同事只是想让她帮忙翻译稿件，巧妙植入某品牌和产品，突出了其强大的扫描-翻译功能。

三、社会化网络

截至2017年，全世界有52亿台手机，将人类链接成一张大网。通过移动社交APP，形成了碎片化、多对多、交叉影响、传播与生产合而为一的传播模式，变成了消费者注意力的吸收器，当然也彻底颠覆了传统媒体一对多强势洗脑的玩法。而社会化网络形成族群效应，使消费者变得前所未有地主动和强势。

四、熟人链

我们一生之中，80%的时间都被5~7个人深刻影响。这些人可能是你的朋友、父母、孩子或领导，他们决定了你一生的走向。他们对事实的看法，而不是事实本身，影响了你的看法，也决定了你的行动方向。爆品就是通过影响你身边的5~7个人来影响你，沿着每个人的核心社交链条去影响裹挟在链条中的每一个人。将品牌的信息植入每一个人的意识和潜意识，推动你掏出真金白银购买产品。

小结一下，3个要点：

1. 爆品打造是一项在“失控之中寻求控制感”的商业实践。

2. 人的非理性、大脑对新奇的病态化渴求、社会化网络和熟人链，是控制力的四大基石。

3. 以人吸引人，以人说服人，是爆品最重要的特征。

评价标准：
什么才是真正的爆品

互联网使广告信息病毒化的速度加快、辐射翻倍，能使一个品牌一夜成名。然而，互联网和社会化媒体技术不能让一个产品变成爆品，只是让人们在相互分享内容时更快捷、更方便。

移动互联网的出现对营销产生了深远的影响：第一，传播模式被颠覆了，以前自上而下这种强势的单一的传播，现在总体自上而下地向上传播。第二，企业和消费者的关系地位被颠覆了，以前企业就像拿着一把枪似的，消费者就是猎物，打着你，就能吃一顿，但现在消费者是上帝，企业是服务者。第三，竞争方式变化了，以前企业关注的是利润、销售额，现在大家关注的是体验、界面UI等。诺基亚手机很皮实，摔地上还能打电话，苹果手机摔地上屏幕直接就碎了，但大家还是倾向于选择苹果、选择体验。第四，整个产品包括运营被颠覆了，企业关注的是消费者满意度、粉丝数，而不是销售额。有一家成立5年、只有55个员工、还没有盈利的企业WhatsApp，被Facebook用190亿美元收购了。为什么？其实对这家企业的评价不是销售额有多少，利润率多少，市场价多少，而是粉丝有多少。

那么爆品的特点究竟是什么呢？爆品有四大特点：

1. 依靠用户吸引用户来实现业务增长，如Hotmail。
2. 用户充满热情地主动传播，如开心农场——偷菜。
3. 指数级的人数增长。病毒系数为1，人数将线性增长，并最终停涨；

病毒系数高于1，将以指数级增长，该营销信息如同病毒一样，会无限繁衍下去。

4. 无需花钱做广告、做营销、组建销售团队。比如Facebook第一个月吸引了50%的哈佛学生，Hotmail30个月内拥有了3000万个用户。

常规对爆品的评价包括：浏览量、点击量、特定内容的点击、社交媒体的分享量、点赞量、评论量、粉丝数、注册人数、消费者评价分数、网站浏览时间、产品浏览次数、顾客品牌参与度、网站滞留时间、转化量、销量等。

当然，要保证一场爆品策划的成功，维基百科认为必须要有六个相应的标准：

1. 它必须令绝大多数人感兴趣。

2. 它必须值得朋友和亲人分享。

3. 必须使用一个巨大的平台去发布，如YouTube（视频网站）和Facebook（脸书，视频网站）。

4. 为获得关注需要使用原始的激励，如播种、浏览购买，或者分享给粉丝。

5. 内容必须是高质量的。

6. 社交网络的发展导致爆品的效果越来越显著。

除了耳熟能详的概念和显而易见的特点，笔者更愿意从自身的经验去讲解。我从“数量”“直销”“现实”“群落”和“偶发”等五方面来勾勒出爆品的本质属性。

一、数量：数量即质量，规模即利润

任何行业，尤其是传统行业，只有拥有令人敬畏的产业规模，成功才能接踵而至。很多行业，只有用户越多，希望加入的用户才会越多，胜者通杀；一旦出现突破临界点且继续增长，将不会被打败；当然，它一旦成熟，增长将放缓，例如Myspace（聚友，社交网站）和Facebook都只有1%～3%的增长率；

二八法则永远不会错，大多数行业都遵循着80%的销售额来自20%的重要用户的规律。

在这里，爆品充当的是实现“令人敬畏的产业规模”的作用和角色。只有爆品，才能迅速拉升规模，也造成了短短几年融入爆品的企业的市值远远地超过了耕耘了几十年乃至上百年的传统行业的现象。

二、直销：用户即广告，广告靠用户

第一个成功而且正当地使用爆品思维的典范是“特百惠”。它成功地利用其唯一的销售渠道——理家会，在1950年至1970年之间，销售额达5亿美元。也就是说，爆品是离销售最近，能直接拉动试用率甚至成交率的关键因素。

三、现实：移动互联网络已经网住了所有人的注意力

中国的移动互联网现状前文已经说过了：7亿智能手机，36%以上的人每天4小时以上的触媒时间；微信注册用户11.2亿，4.4亿的活跃人数；移动社交媒体开始颠覆50年来打断式的营销模式；爆品不会不行，而是势在必行！

四、群落：也就是爆品的适用行业和传播局限

一方面，爆品战略更适用于大众消费品行业，尤其是快速消费品行业。因为这类行业的消费者决策介入程度低、情感型和冲动型购买的概率更高、品牌和促销活动的效果更好。它不适用于石油、钢铁、期货等B2B行业。

另一方面，爆品具有很强烈的“窄众”特点，它的流行更适用于具有鲜明特点的人群，如“娱乐圈”“营销圈”“设计圈”等，圈层与圈层之间很难被顺利而且快速洞穿，也就是说，在一个圈子里流行的爆品有可能在另一个圈子根本就波澜不惊。

五、偶发：每个人都可能变成一个病毒点

“营销者没法像过去那样掌握4P——产品（Product）、价格（Price）、渠道（Place）、促销（Promotion），在家里把它们全部搞定，现在这个时候只能把队伍练起来，把整个核心力量放在互联网上，你不知道后期哪个事情能火、哪个事情能变成很大的营销点，但需要每天都去做。”

也就是说，爆品的成功充满了“失控”和“偶发”，笔者的一篇文章《到底还有没有暴利的行业》写了半个小时，各种时间点一对，文章瞬间火起来了。这就是“森林火灾营销”的体现：森林有可能会着火，但是哪棵树会着火你不知道。你的工作就是每天去行动，肯定会有创造出爆品的可能。

爆品养成：核心在于社会心理学

本人有13年营销实践经验和多年的爆品项目历练。依据本人的经验，移动社交新媒体所谓的“新”，即在于技术所赋予的“即时互动反馈”的功能上，这是区别于传统电视、报纸、杂志和广告的最独特之处。因为有反馈，所以营销的效果更容易被量化和评价，当然营销也更难做了。评论、转发、点赞等插件的介入，更使线上社交无限逼近于线下社交，作为群居性生物的人类，获得的快感可想而知。

本人认为移动社交媒体有四大特点：“碎片化”“病毒化”“极效化”和“生态化”。

一、碎片化

移动社交媒体，尤其是以微信、微博、人人、豆瓣为代表，追逐着我们的注意力，抢夺着我们的时间。我们已经陷入了“碎片化”的生活状态，有统计表明，我们的一天被分成了：起床时、等地铁时、吃饭后、午休时、下班路上、晚饭后、睡觉前。

二、病毒化

“病毒化”是第二个特征，以企业为主体，任何营销内容创建的根本目标都是为了让它能流行起来。

三、极效化

“极效化”的意思是传播速度和传播半径极大化，而且传播成本无限趋近于零。

四、生态化

“生态化”是第四个特征，当移动互联网所带来的线上线下合流，原我（真实的自己）、线上我（移动互联网上的自己）和社交我（线下生活中的自己）一体三面时，品牌营销本身的规律不会改变，依然遵从着“反复刺激产生兴趣、尝试购买、重复消费”的从心理到商业的逻辑和规律。

这四大特点虽然迥异，但同时指向了“内容”。只有有趣的、小众的病毒内容才能充分占据受众的珍贵的碎片化时间；只有嵌入病毒诱饵和病毒机制的内容才能实现在整个移动互联媒体充分流行；只有高质量的内容，极剧加快的信息传播速度和扩大的信息传播半径才具有营销上的现实意义；只有接地气的内容，才能有力地洞穿线上线下，形成“关注、兴趣、购买”的闭环和循环。创作的内容，将会使整个移动互联网风行天下，这也是营销真正的题中之意。

那怎么来看这个内容能不能变成病毒呢？有一个衡量指标，就是病毒系数。病毒系数是指平均一个用户能带来多少个新用户。以微信为例，我的微信文章发到微信朋友圈，如果我的朋友是100个，有1个人转，那么病毒系数就是1；有2个人转，病毒系数就是2，这就具有病毒性了；如果是10个人转，那病毒系数已经算很高了。我们接下来要做的就是用各种方式把病毒系数拉高。

如何使内容实现病毒化传播？维基百科上认为，一场成功的爆品营销应该有五大标准，如下图所示：

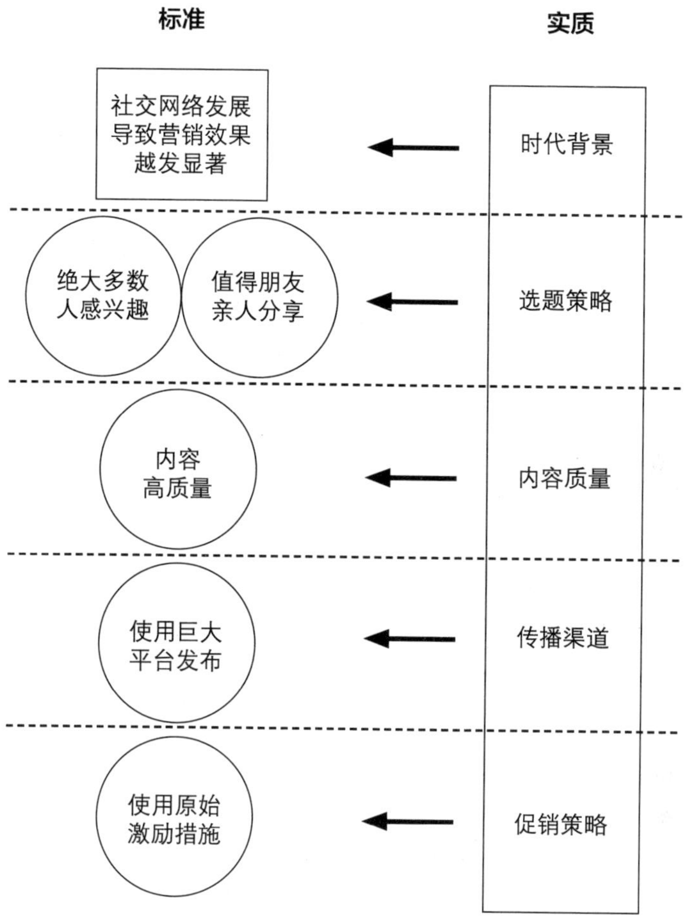

抛开“时代背景”“传播渠道”和“促销策略”，我们发现成功的爆品最核心的动作是“选题策略”和“内容质量”。马尔科姆·格拉德威尔在阐述爆品的发生机制时，很清晰地表达了“环境、信使和黏性信息”三者缺一不可的观点。“环境”可以理解为社会潮流趋势和信息传播的渠道与媒体，这是市场洞察和策略选择问题；“信使”可以理解为专家学者、名人明星、微博大V和微信大号等，是媒介和代言人的问题。企业真正在营销上发力比拼的只有“黏性信息”，即内容，对高质量内容的创建能力才是移动社交媒体时代真正营销能力的体现。

为什么有些东西能引起病毒化传播？这个问题困扰了营销者、广告人和社会化专家多年。一些内容风行天下，而另一些则默默死去，为什么？是什么导致一些内容成功而另一些内容死去？市场营销学教授乔纳·伯杰分析了数千条网上内容和成千上万的产品与品牌，去理解为什么有些能流行，为什么这些能获得更多更好的口碑效应。前文我们讲到，乔纳·伯杰教授看到，有六个关键点在思想流行方面起到了传染作用，也就是“STEPPS”（S：Social Currency，社交货币；T：Trigger，促因；E：Emotion，情绪；P：Public，公共性；P：Practical Value，P：实用价值；S：Story，故事）法则。

这两年，《黏性》《引爆点》《疯传》《湿营销》等营销和传播类图书持续热卖，证明对于营销的研究已经越来越深入到心理学层面（尤其是大众心理学）。在移动社交媒体这一人与人关系更加亲密的平台上，企业想要做出任何有所斩获的营销动作，追赶流行甚至引领潮流趋势，如果缺乏对群体心理学、社会心理学的深入钻研，指望着传统工业时代的产品卖点、定位等通过三招两式打天下，明显是痴人说梦。

爆品受众：三大核心需求

综合研究分析移动社交媒体和社会心理学，我认为移动社交媒体的受众具有三大核心需求：知识需求、情感需求和阶层需求。

一、知识需求

人是一种好奇的生物，对新生事物的敏感和兴趣是人性中非常重要的一部分。好奇心作为内在动机的主要内容，早已成为心理学研究中十分引人注目的研究领域。好奇心是一种与探索、研究和学习相关的专注力，是人类学习和进步的强大的驱动因素。好奇心普遍存在于人类的各个年龄阶段，从婴幼儿到白发苍苍的老人，都有很强的好奇心。心理学家把好奇心视为既具有认知性，又有情感性的内在动机。

“猎奇”和“学习”统称为知识需求，是相当重要的两种驱动因素。

1. 猎奇：寻找有趣与刺激，独乐乐不如众乐乐；

2. 学习：获取有用的新知识，大家一起来学习。

二、情感需求

兰德尔·柯林斯认为，在社交互动中，人们是根据符号资本的拥有量来寻找共同关注点并最大化个人的情感能量的。在情感能量注入后，原有的符号资本被强化，新的符号资本被创建。这里的情感是指社会情感。在移动社交媒体中，很容易陷入“智商拉低、情绪高涨”的集体非理性状态。我在此将情感需求细化为两类。

乔纳·伯杰认为，“当我们关心时，我们会分享”。表达情感的欲望之强烈是人类的本能。野心勃勃的兰德尔·柯林斯认为，成功的互动仪式能够创造组织成员的符号特征，并为每一位成员注入充沛的情感能量，而失败的互动仪式则会吸干所有的情感能量。群体行为的情感需求之间的互动关系将直接决定内容传播病毒化的成败。

古斯塔夫·勒庞在《乌合之众》中写道："各种观念、感情、情绪和信念，对于群众来说，都具有病菌一样强大的传染力。"波兰心理学家罗伯特·扎荣茨在1980年的论文《感觉与思维》中指出，感觉与思维是彼此独立的，当个体面对某个刺激时会产生复杂的反应，在这个过程中个体的感觉先于思维，感觉是对个体的观点和决定最有影响力的因素。逻辑推理只是为了验证和解释我们已经做出的决定而已，逻辑推理过程并不是决策的第一步骤。社交中，我们对自我和其他人的认知，脱离不了感觉、情绪和感受的影响。

在此我将情感需求的假设细化为两种驱动因素：

1. 宣泄：发泄内心的汹涌，一起笑一起哭；

2. 探索：激发互动与参与的能动性，亮出你的态度来。

三、阶层需求

Serge Moscovici（塞奇·莫斯科维奇）出版的《精神分析》一书认为，所有人的想法和理解都是"社会表征"的结果，这些日常交流中所共享的诸多观点和解释，可以帮助我们在社会和物质世界中找到自己的定位，并且为我们提供在群体中进行信息交流的途径。

1922年，男性讨论的大多是财富和商业，女性谈论的都是衣服。

1924年，在餐厅中大家谈论食物，在橱窗边大多数人谈论衣服。

1997年，人们最经常谈论的是人际关系和经验。

FIRO（人际关系取向）理论中的第一种人际需要是吸引和开放的需要，可以细分为团队的归属感和引起他人注意的需求，可以理解为"炫耀的需求"，炫耀其独特性，以满足引起别人注意的需求；第二种人际需要是控制的需要，即获得专家权威认定的需求，这一点可以称为“强调的需求”，即在自己的专业领域内强调自己的职业技能和素养，彰显自己的专业形象。

乔纳·伯杰认为，人们倾向于选择标志性的身份信号作为判断身份最直接的证据，如保时捷、玛莎拉蒂、豪宅等。这些个人信息的外发有助于保持自己的良好印象。人们看起来更优秀、更潇洒、更爽朗，能满足内心炫耀和强调自身身份地位的需要。

笔者从阶层需求方面，提炼出两大驱动因素：

1. 炫耀：标榜阶层和独特性，让自我感觉更好；
2. 强调：强调价值与归属，以专业形象示人。

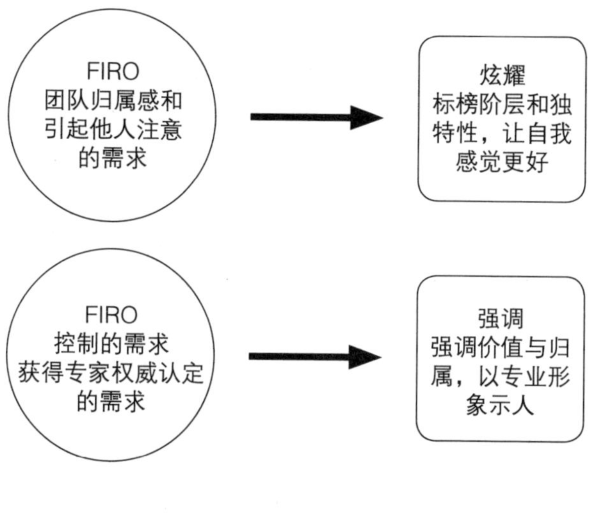

根据爆品受众的三大核心需求，细化为6种驱动因素：归属于知识需求的猎奇和学习；归属于情感需求的宣泄和探索；归属于阶层需求的炫耀和强调。这6种驱动因素是所有爆品的基础。没有流行就没有品牌，供所有有梦想和事业心的人们参考。

本人手工遴选出上百个国内外成功的爆品案例，逐一归类统计，深入分析，并结合本人10年的营销策划经验，得出4点结论：

第一，实现营销内容的病毒化共需要考虑3类受众心理需求6种驱动因素：知识需求（猎奇和对有用信息的学习）、情感需求（情感宣泄和人际关系的探索互动）、阶层需求（优越感的炫耀和身份的强调）。

第二，6种驱动因素中的“猎奇”和“探索”这两种驱动因素，在互动、视频、图片、文章四种病毒形式中占据绝对优势。“猎奇”反映了受众对人与人之间关系的好奇及偏爱轻松娱乐的信息刺激的本能，而“探索”所蕴含的与生俱来的“互动”DNA更符合“移动社交”的本质，值得企业和营销者格外注意。

第三，互动和视频在最常见的互动、视频、图片、文章四种病毒形式中占据了绝对的优势，互动对应“探索”，视频对应“猎奇”，具有内

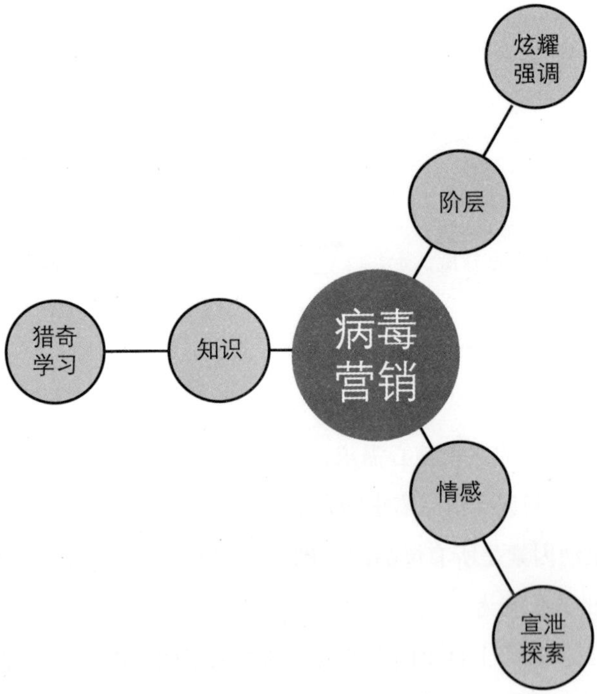

容和形式上相当的一致性。相比其他形式，二者能提供更加强大的“品牌形象清晰度”和“魅力势能”，实现所谓的“魅力人格体”和“现实扭曲立场”。

第四，在文字内容的病毒化驱动因素中，对于有用信息的学习的渴求，是仅次于“猎奇”和“探索”之后的第三大驱动因素，值得重视。

总之，三大核心需求分化出六种驱动因素：源于知识（猎奇和学习）、情感（宣泄和探索）、阶层（炫耀和强调）等。在下面的六个章节中，我将通过全球上百个经典案例来拆解和研究这六种驱动因素。

第二章

炫耀法则

标榜阶层和独特性，让自我感觉良好

可口可乐“昵称瓶”：一个创意搞定全世界的90后

【案例简述】

2013年夏季，可口可乐开创的“昵称瓶”营销，在中国市场引起了巨大反响。可口可乐甚至凭借“昵称瓶”获得了艾菲奖（Effie Awards）——广告界的奥斯卡奖、格莱美奖。有人说，可口可乐开创的“昵称瓶”文化，具有里程碑意义，它结束了过去品牌单向对消费者的硬性宣传方式，开启了与消费者双向互动的社会化营销方式。

在“两乐”的多年竞争中，可口可乐一向很低调，以“不做营销、深耕渠道”著称。“昵称瓶”营销后，可口可乐的画风完全变了。

可口可乐斥巨资大搞“昵称瓶”，实际上属于无奈之举。可乐饮料近年来因为被贴上“不健康”的标签，广受批评。含糖量高的碳酸类饮料被证实是导致肥胖的元凶之一，一些国家开始征收“可乐税”，还有些国家明令要求可乐像香烟一样，在外包装上印上警告。根据美国相关机构的调查，美国碳酸软饮料销量连续11年下跌：2015年碳酸软饮料人均消费量下降到153.7升，达30年来最低。为了讨好年轻消费者，可口可乐才一改低调画风，大玩“昵称瓶”。

“昵称瓶”的创意最早始发于澳大利亚市场。2011年，可口可乐澳大利亚区最先启动“昵称瓶”策略，活动很快火起来，之后被欧洲市场效仿。澳大利亚和欧洲市场的做法是“Share a Coke with‘百家姓’”，就是把常见的外国名字：迈克、大卫、马丁、山姆、玛丽等印在瓶子上，消费者想要送给朋友，只要挑选对方的小名即可。

中国区在执行这个策略的时候，遇到了难题，毕竟常见的名字重复得再多，也不够挑选。于是，中国区就把国外“百家姓”的方式调整为“昵称”的方式，通过诸如“白富美”“吃货”“小清新”“喵星人”“学霸”“文艺青年”“纯爷们”“你的亲”“邻家女孩”等60多个昵称和标签来圈定一族人。

“昵称瓶”推出的当年夏季，引发了网友数亿次的自动分享，病毒传播效果非常明显。“昵称瓶”带来的经济效应立竿见影，可口可乐中国区市场当年实现了20%的销售增长，远远超出预期。最令人叹服的是，“昵称瓶”引发的后续效应经年不衰，后面的“歌词瓶”也大受欢迎，可谓“一招鲜，吃遍天”。

【营销亮点】

可口可乐以80后、90后、00后为互动对象，通过社交平台上的各种关键词和社群标签，敏锐地抓住了年轻人当下热衷探讨的话题。2013年，正是网络用语和生活用语“东风压倒西风”的敏感时刻，“昵称瓶”的出现，等于让年轻人的网络用语登上了台面，所以引发了年轻人的热捧。80后、90后、00后的一大特点是易受明星、意见领袖的影响，所以可口可乐在推广“昵称瓶”伊始，先付费请达人、艺人和营销号，让他们晒出带有自己名字的“昵称瓶”，迅速“感染”了目标人群。

在“昵称瓶”营销上，可口可乐采取了三步走战略：一、在新浪微博上，借助明星、草根大号等悬念预热；二、线下借助五月天深圳演唱会，官方正式启动；三、通过新浪微博微钱包和一号店等商务平台定制昵称的销售宣传来变现，定制昵称将“昵称瓶”活动推向了高潮。

【痛点解析】

该案例的爆品驱动因素：炫耀——独特性。

“昵称瓶”满足了年轻人的个性化表达需求，想尽办法去为他们提供炫耀的工具，激发他们炫耀自己“身份独特”的行为。当时，“白富美”“吃货”“小清新”“文艺青年”等词风靡一时，年轻人以带着标签混迹某一小众族群而自喜。消费者通过“昵称瓶”成功为自己或者小伙伴贴上了标签，买给自己彰显了个性，送给别人则表达了自己对对方的印象。

陈／轩／点／评

本案例遵循爆品实战原则之“投其所好原则”——摸清目标群体的嗨点，四两拨千斤。与竞争对手百事可乐常年请明星代言相比，可口可乐通过“昵称瓶”拉近与年轻消费者的距离，可谓“成本低廉”。“昵称瓶”只前期“浪费”一笔费用请达人、艺人和营销号秀照片，后期主要靠年轻人自动分享，是一次非常成功的爆品营销。“昵称瓶”成功的根本在于抓住了年轻人崇尚独特性的普遍化心理特征。

柏拉图性格标签：将破碎了的人群重新黏合起来

【案例简述】

2016年7月15日，朋友圈一夜之间被“柏拉图性格标签”刷屏了，用户只需要在这款基于H5技术的性格分析APP上输入自己的姓名和生日，就能生成自己的性格标签。“柏拉图性格标签”先是在QQ上火爆起来的，之后又被疯转至朋友圈。“柏拉图性格标签”开发者的微信公众号半天时间涨粉400多万。

“柏拉图性格标签”在2016年7月14日（周四）的晚上5点正式上线，当晚的活动数据一般，据开发者分析，因为参与门槛过高（需要搜索关注公号才能参加活动）。于是，第二天，2016年7月15日（周五）临时做调整，改为直接识别图片中的二维码参与活动。当晚8点在QQ空间花了3000元稍微推广了一下，晚上9点半活动页PV突破10万，晚上11点钟PV突破100万。

“柏拉图性格标签”过于火爆，引起微信关注，2016年7月16日微信公众号被封，此时PV突破1200万，性格标签生成数900多万张，微信公号涨粉400多万。微信公众号被封后，团队又在QQ空间推广一波，7月18日下午QQ空间活动页PV突破1700万，性格标签生成数1200多万张。整个活动的PV大约3000万，性格标签生成数2000多万张，新增注册用户数20万。

【营销亮点】

“柏拉图性格标签”符合“简单有趣易分享”的爆款基因。活动从立项到上线，经历了无数次的思维碰撞和修改优化，正是不断的调研、碰撞和优化为活动的爆发提供了可能。活动方案调整为“无需关注公号，识别二维码直接进入生成页面”，是为关键。越是简单易操作，越容易产生病毒效应。只有低门槛的参与方式，才能在短时间内吸引足够多的用户，充分造势，引发病毒传播效应。

简单易操作还必须加上光环效应。“柏拉图性格标签”在图片生成的过程中，通过“姓名计算中……年份计算中……生日计算中……”来营造一种科技感，给用户营造一种神奇的感觉。分享页面选用了打开率更高的图片而不是常用的H5页面。

好的创意不仅能击穿族群之间的障碍，更能实现人人互相传染，造成一夜成名天下闻的激动人心的效果。“柏拉图性格标签”本来是以90后、95后为主力的婚恋社交APP，没有想到成为了全民狂欢，80后、70后、60后都开始玩起来。“柏拉图性格标签”利用内容和社交，将破碎了的人群重新黏合起来，实现产品服务和影响力的指数级增长。

【痛点解析】

该案例的爆品驱动因素：炫耀——个性。

在“柏拉图性格标签”之前的性格类玩法中，绝大部分趣味性和互动性都比较差，而“柏拉图性格标签”聪明地将个人性格用图片和标签具象化地表达了出来。在标签中添加了生成者的姓名与出生日期，加之每天的图片本身就具有差异性，使生成者有专属的感觉，正好满足了用户对自身性格的好奇和在朋友圈展现自我的欲望，满足了受众的炫耀需求。

“柏拉图性格标签”以褒扬为主，附带些许“自黑”的词语，褒贬之间的度拿捏得比较好，既让用户觉得比较准，又不会让“观众”觉得过于作秀。“柏拉图性格标签”的营销术语，并未使用很专业、很抽象的词语，而是采用网络化、比较幽默的词语，让大家以一种轻松、娱乐化的心态参与活动，更利于分享。

陈／轩／点／评

本案例遵循爆品实战原则之“凝离效应原则”——把一个特殊符号放在一堆数字中，这个符号因此特别醒目，从而成功引起关注。一个人在交谈中时不时来点外语或者专业词语，会让人顿生佩服之情，这种现象在心理学上被称为“凝离效应”。性格测评的东西有很多，要想引发互动真的很难，而“柏拉图性格标签”的成功在于它首度为寻常的性格测评披上了科学外衣，让人觉得很靠谱，从而乐于尝试。

“反手摸肚脐”：一夜之间成为流行时尚标

【案例简述】

2015年6月9日，一张照片在微博上红极一时，图片上一个穿着条纹T恤的女孩子，反手摸着自己的肚脐说：“美国科学家说，这是检验瘦子的最新标准，女孩子反手能摸到肚脐眼就是好身材，摸不到，就要减肥。”一时间，照片在网络上疯传，男男女女、老老少少，无论明星还是素人，都开始疯狂地晒自己反手摸肚脐的照片，极力证明自己有着好身材。

短短一天，反手摸到肚脐，就成了一种新的流行风向标。截至2015年6月11日下午5点，微博话题“反手摸肚脐身材好”的阅读量已经达到1.3亿，参与讨论的微博用户超过10万，该话题连续三天稳坐微博话题热搜榜第一名。

广大品牌商开始纷纷借势晒图：

杜蕾斯版：#杜绝胡说#你觉得你这辈子都摸不着的东西还有哪些?

支付宝钱包版：#反手摸到肚脐身材好#老板，这样买单能给打折吗?

手机百度版：傻孩子，手短摸不到肚脐不要紧。@手机百度，帮你完成最后十厘米的距离。

大众点评道歉版独树一帜：向反手摸不到肚脐的你们致歉，十二年来，我们推荐了太多美食。

淘宝版紧跟而来：向反手摸不到肚脐的你们致歉，十二年来，是我们的万能养成了你的懒……

一场轰轰烈烈的晒图运动席卷网络，没有人去思考：反手能摸到肚脐，真能证明好身材？所谓“美国科学家”所说的真相究竟是什么？6月10日，微博名为“某某集团总代洋洋”的网友发布了一条微博“今天微信朋友圈、微博满是炫腹，公司发起了这个活动，我们的一个工作人员火了，现在开始全民炫腹。全民炫腹时代已经到来，反手摸到肚脐眼才是真的瘦！温馨提示：您算算您距离肚脐眼还有多少盒某某饮料……”并配以与事件最早发文的微博博主的合影做证。真相来了：这场席卷微博、微信朋友圈的炫腹，其实只是一次广告营销。

“反手摸肚脐”实在太火，随后引发A4腰、锁骨存硬币等炫“瘦”活动，也都很成功。

【营销亮点】

这一轮炫腹照，主要自微博平台发起并炒火，随后蔓延至微信及其他自媒体。虽然自微信兴起之后，微博影响力有所下降，但不可否认的是，对于大众传播尤其是与明星粉丝经济相关联的传播渠道，微博的作用是微信无法取代的。甚至有网络专家断言说，微博是媒体，而微信是CRM工具，也就是客户关系管理工具。

此次话题之所以能够火起来，明星作用不容小觑。杨幂、邓超等明星纷纷加入话题，因明星效应引发粉丝效应，从而广泛传开。加之当下是健身已成为风尚的时代，人人热衷于“晒”。“反手摸肚脐”的话题，恰恰迎合了人们的这一需求，可操作性强，分分钟就能测试，可谓时代造就的热门话题。

【痛点解析】

该案例的爆品驱动因素：炫耀——求关注。

此次集体炫腹事件的快速发酵，其实本质上是消费者对自己“完美身材”的一种“秀”。在这个“身材与颜值比肩”的时代，年轻女性普遍注重身材保养，但什么是好身材却一直没有一个标准。“反手摸肚脐”建立了一种新的好身材审美标准，每个人都迫不及待地想去证明自己、强调自己，进而成功晒出来。

陈／轩／点／评

这个案例遵循的是个体的“焦点心理”。从心理学方面来看，年轻人在网络上分享照片，最主要的动机是通过炫耀自身来吸引关注，进而获得满足感和成就感。每个人都希望自己成为焦点，就像袁姗姗秀了一回马甲线，成功由黑转红，成为励志女王。这个活动的成功有两个关键：第一，让参与者自我感觉良好；第二，有一定难度。

一生只送一个人的“Roseonly”：一天销售近亿元

【案例简述】

玫瑰奢侈品品牌Roseonly（高端珠宝）创立于2013年1月4日，3天后就拿到了来自乐百氏创始人何伯权、创业家杂志社社长牛文文、时尚传媒集团总裁刘江、淡马锡和清华同方高管的天使投资。

Roseonly早期只在线上销售，自创立之日起就一直在打一张营销牌：“一生只送一人”，即购买Roseonly玫瑰实施注册制，指定唯一收礼人，终身不能更改。凭借这个营销概念，Roseonly与普通鲜花店拉开了距离，并与爱情链接起来，树立起高端品牌形象。

Roseonly最早启用李小璐做微博营销，据说当天微博营销给Roseonly带来将近10万的粉丝。随后，杨幂、李云迪、林志颖等明星纷纷微博晒单。这些明星的热心分享让Roseonly人气倍增。

Roseonly为每个节日度身订制了“男神送花”的福利，继2013年圣诞节张亮、2014年圣诞节吴亦凡担任“玫瑰特使”之后，又在2015年情人节携手人气狂飙的跑男“大黑牛”李晨，亲自为粉丝递送爱意与惊喜。

这么做的目的很明显：树立“高富帅白富美们用过”的产品形象，会为品牌注入“高逼格”基因。

在高富帅和明星的影响下，Roseonly粉丝团的雪球越滚越大，这些粉丝成为网店稳定的流量来源。2016年，Roseonly号称情人节当天销售额近一亿元。

Roseonly能这么操作的原因在于：创始人的人脉圈很丰富。蒲易在做Roseonly之前，成功投资过大众点评网等公司，算是早就实现财务自由的人。他身处时尚、互联网、电商、奢侈品品牌等圈子，单枪匹马就可以给Roseonly带来很大的知名度。创业之初，蒲易疯狂“扫荡”微信朋友圈。在网站刚上线的时候，采用杀熟的方式，在自己的朋友圈里预售99盒情人节玫瑰，“逼着”搜狗的王小川、新希望的刘畅、世纪佳缘的龚海燕等人积极转发，结果一售而空。这些加固了Roseonly“高富帅白富美们用过”的高端产品形象。

【营销亮点】

Roseonly的营销在场景营造上富有心机：玫瑰通常被要求送到办公室，引发办公室女孩子们的围观。收到花的女孩感受到被爱，愿意在微博、微信上分享，主动传播。其他女孩也会分享，还会@自己的男朋友、老公去买，围观大大提升了传播率和分享率。

【痛点解析】

该案例的爆品驱动因素：炫耀——标榜阶层和独特性。

爱情推崇的是“唯一性”“排他性”，Roseonly要求用户送花一生只能送一个人。这个品牌故事，对一些女性用户是很有杀伤力的。Roseonly深知这群人有个共同的特点，就是容易受明星、名人的影响，明星、名人用过的东西，会成为他们争相模仿和购买的对象。所以，Roseonly通过企业名人、明星的转发、分享来俘获第一批优质粉丝，之后形成滚雪球效应。

陈／轩／点／评

心理学中有个著名的首因效应，也叫首次效应、优先效应或第一印象效应，指交往双方形成的第一印象对今后交往关系的影响。简言之，就是“先入为主”影响深远。首因效应对于爆品营销来说，就是要狠抓第一批用户，做好口碑。Roseonly所做的就是拼命验证自家的玫瑰是“高富帅白富美们都爱的产品”。

“留胡子”：一个小妙招让民间协会秒变全球性组织

【案例简述】

长期以来，健康问题，尤其是女性健康，得到世界范围内的广泛关注，每年10月已形成针对乳腺癌的粉红丝带活动。相比之下，男性健康一直没有得到应有的重视。于是，国外有一家健康基金组织就另辟蹊径，将目标聚焦于男性健康。为了吸引人们对前列腺癌、睾丸癌之类男性健康问题的关注，健康基金组织策划了一个“Movember”（“十一胡子月”）活动——“Movember”即“moustache”（胡子）与“November”（11月）结合而成。因为这个活动太成功，如今西方世界已经将11月定义为“Movember”。“Movember”活动虽然在大陆还没有流行起来，但在香港却很火。

“Movember”活动的起源地，是在澳大利亚的墨尔本。据说，发起人有一次在和兄弟们喝酒时，感叹起女同胞们命太好，有个小病小灾即能得到社会关注，而男人们天天狠命打拼，得了病也没人知道，缺乏关爱。于是他们发起了这个活动，世界各地的男同胞纷纷表示有同感，使之逐渐成为世界性慈善活动。

一般情况下，公益活动的自发传播性都不强。做善事捐了款，最多发个证书、纪念品和收据之类，而捐款人不可能随身携带这些证物，逢人就拿出来说，非常不利于传播。

如何才能让更多的人热衷参与并自发传播呢？这家基金会最终想出一个妙招——留胡子。发动男性们先以一张干净的、剃须之后的清爽面孔出场，然后在这一整个月中，任由胡子疯长。

当然，不是什么胡子都可以，基金会明确要求：假胡子不行，下巴上的胡子（beards）或山羊胡（goatees）不行，鬓角的也不行。总之，要通过蓄胡子把自己打扮得更绅士。

假设你的朋友参与了“留胡子”活动，某天你见到他满脸大胡子，你肯定会询问留胡子的缘由。这样，你就会了解到这个基金会。看似不相关的大胡子，使得参与活动的人可视化，从而使活动形成了自发传播的效应。很快，就有数万人参加该活动，募集资金也迅速过亿，可见效果非常棒。

参加这项慈善活动，需要先在“Movember”的官网上注册，这样基金会就积累了大量客户信息资料。

【营销亮点】

1. 持久性

参加公益活动的男士将在整个11月蓄胡子，以确保足够能引起对男性健康问题如前列腺癌及其他癌症和发起组织的关注。参加“Movember”活动的男性会互称“Mo Bro”（胡友），而支持身边的男士参加活动的女生，则被称为“Mo Sista”（胡妹）。“Mo Bro”们在整个蓄胡子过程中，都默默地成为“Movember”的活广告。

2. 趣味性

为了让“胡友”动起来，基金会会评选最酷的胡子造型。基金会推出风靡全球的9款胡子造型，活动参与者可以根据个人喜好修剪出自己喜欢的胡子造型。

3. 黏性

为了让参与者有动力，Movember基金会每年会为参与者提供体检和防癌知识讲座等，还会请著名设计师设计充满个性的球衣等，让参与者获得实惠。

【痛点解析】

该案例的爆品驱动因素：炫耀——独特性。

“留胡子”本身，让人感到新奇、很酷，同时，“留胡子”还是男人味和绅士的象征。英伦高富帅有个3M原则——Money（多金）+Muscle（肌肉）+Mustache（胡子）。家底殷实是完美男人的门槛；美好的肌肉线条，凸显身材管理能力以及良好的生活习惯；留胡子且胡型好看，体现了男人对精致生活的追求。胡须是最能与男性气质直接挂钩的事物，男人们为了标榜成熟和稳重甚至颓废和狂野，是愿意尝试蓄胡子的。

留胡子的行为很酷，会极大地引发亲朋好友的关注；留胡子彰显男性魅力，会吸引女性的注意；再加上留胡子是在支持慈善事业，那么这种行为就完全有了炫耀资本。

陈／轩／点／评

爆品营销的重点就在于将枯燥的产品知识和内容以有趣的方式呈现给目标人群。这个案例中，胡子承担了这一功能。其病毒性在于：留胡子“可视化”强、看得见、易模仿。研究发现，当人们听取信息时，往往在三天后只能记得一成内容，但如果同样的信息附加可视化元素，人们就能在三天后记得六成以上内容。Movember基金会即使整月天天在各种媒体上宣讲男性健康知识，也未必有留胡子的活动管用。

“凡客体”：一夜爆红引发“全民化创意狂欢”

【案例简述】

谈及2010年的营销事件，“凡客体”是谁都不能忽略的一个关键词。一切从韩寒和王珞丹版本的“粗糙”平面广告开始。

2010年7月，演员王珞丹、作家韩寒出任凡客诚品（VANCL）形象代言人，一组别致的平面海报铺天盖地地出现在公众眼前：

“爱网络，爱自由，爱晚起，爱夜间大排档，爱赛车，也爱29块的T-SHIRT，我不是什么旗手，不是谁的代言，我是韩寒，我只代表我自己。我和你一样，我是凡客。”

白底、无背景人物抠像图，加上“爱××，不爱××，我是××，我不是××，我和你们一样（不一样），我是×××”，一时成为全民娱乐盛事。

7月30日，“PS凡客，收集你的凡客”活动在豆瓣网发起。从最初因英语发音而广受关注的黄教主“闹太套”版，到郭德纲穿着“鸡烦洗”衬衫“爱谁谁”版三五张图，到网友纯娱乐原创上传的几十张，经过一日一夜后变成了700多张。短短一周后，数量飙升到两千多张。

一时间，网民都热血沸腾了：豆瓣上的“PS活动群”每天参与量成百成千地上升，微博上各种散图、原创或转载图不断更新，开心网、QQ群以及各大论坛疯狂转载……这一场“全民调戏凡客”的活动在短时间内大获成功，不仅掀起了网络PS新热潮，更成就了互联网品牌营销的佳话。

凡客趁此机会，拍摄了由韩寒主演的视频广告，与新浪微博合作推出专题页面，向用户赠送围脖等奖品，通过官方微博“VANCL粉丝团”发起转发赠送韩寒签名的《独唱团》等一系列互动活动引爆网络。

经过一轮大范围传播，百度百科把“凡客体”作为专有词语收录，被定义为“凡客广告文案宣传的文体”，这场“全民化的广告创意狂欢”被记录在内。

最初从模仿昙花一现的PPG衬衫开始，品牌创始人陈年用了不到3年时间，将凡客诚品服装直销网站从0做到了20亿。从模仿到超越，没有革命性的技术以及商业模式，就卖传统的服装产品，充分利用网络媒体，以一种文人的气质，打造了平民快时尚的全新概念，在电子商务界引爆了一股革命性力量。

【营销亮点】

凡客将主要消费者定位在80后、90后人群，当时这群年轻人被凡客冠以“正在崛起的中产阶级”称号。他们喜好创新搞怪，热爱追剧追星，沉迷微博豆瓣，热衷SNS（社交网络服务）贴吧，以调侃娱乐明星、角色人物、影视作品为主，且诙谐、逗趣的“凡客体”正中这群娱乐达人们的下怀，大家热血沸腾，踊跃创作分享：各种版本的“凡客体”纷纷出现，全网上下“凡客无处不在”“凡客广告球星版”“凡客火了”等诸多夺人眼球的标题广为传播。

在互联网时代，网民是最有创造力、聪明而活跃的群体。把网民自身的主动性、积极性调动起来，比企业投入大量人力、物力去做线下推广有效得多。凡客成功做到了这一点。

在社会新闻娱乐化的时代，消费者希望更多地参与互动，营销平台的作用不可估量。“凡客体”的火热，离不开当时大火的平台微博、豆瓣及SNS。先从豆瓣平台发起的“全民调戏凡客”活动开始，引发网民创作热潮，一周时间两千多“凡客体”内容曝光；随后凡客开始与新浪微博合作推出专题页面，以转发赠送围脖、韩寒签名的《独唱团》互动活动引爆网络，让“凡客体”成为一种流行时尚。

【痛点解析】

该案例的爆品驱动因素：炫耀——独特性。

美国著名民俗学家布鲁范德在《消失的搭车客》里说：“人们花时间讲述和传播传说，不仅是因为有趣的情节，更深层次的原因是它真实地传递出创造者和传播者所处的语境以及由此产生的社会心理。如果有什么能突然间一夜成名，它一定暗合了社会的某种共性心态。”

当韩寒突然由睿智精进的形象变成“爱夜间大排档”“我只代表我自己”的时候，消费者猛然意识到，这种万花筒式的非主流的表达方式，更彰显个性。这种带着强烈自我表达意识的交流方式，简单粗暴，但是更高效，立刻成为网民争相效仿的模版。加之凡客官方声明：“无论是网民戏说的创造力还是真实的自我表达，我们都会学习、保持尊重并满怀敬意。”这条严肃的声明，让这群娱乐达人们痴迷于创造，并疯狂炫耀。

陈／轩／点／评

本案例遵循爆品实战原则之“灵魂附体原则”——完全站在客群角度，让大众为之代言，用他们的方式说话。在营销学上一直都有一个“消费者画像”环节，为自己代言的“凡客体”是把“消费者画像”递进了一层。文案附体于80后、90后，这一招在时下依然很好使，京东白条的广告也刷爆了朋友圈，就是一个例子。

二更食堂：A轮融资吸金5000万

【案例简述】

“每晚九点半，陪你说一世晚安”的二更食堂，推送过一篇《为什么女人一定要买上万的包包》，瞬间让每晚靠鸡汤暖心道晚安的粉丝妹子们燃了起来，点赞、留言讨论，热火朝天。随后，各个媒体公号尤其是与文中提到的包包、口红、香水相关的企业运营账号，无不趁机蹭热度推广，知乎上还专门有问答：花几万块买包包的女人是什么心理？该话题被浏览86万余次。据说这篇文章为二更食堂吸引到基石资本和真格基金的5000万A轮融资。

若说这篇文章有什么独到之处，便是它对女性需要物质化生活引经据典的解读和自我宣言式支持。

“女人进步的三大阶梯：口红、香水和包包。”

“在我只买得起两百的包的时候，我觉得花两万买包的都是傻逼；可是在我买得起两千的包的时候，我觉得两万的包真好看啊。”

“奢侈品会发光啊，我们女生买的不是包包，而是哆啦A梦的万能口袋。”

“当我买下人生第一个上万的包包的时候，我完全改变了自己的想法，那种感觉是同款的仿货给不了你的。背上之后我觉得我走路应该抬头挺胸不能驼背，没气质的话，背上真的都像假的啊，再累也得昂首挺胸！”

“都背上万的包了，素颜再穿个拖鞋出门不合适吧，于是只要背那个包我就会提前一天晚上把第二天要穿的衣服搭配好，早早起床化妆收拾干净。”

“每次想偷懒的时候我就会安慰自己，不能偷懒啊，一懒就会回到解放前了，柜子里只有这一个上万的包它也太孤单了吧！每次想到这里我就会从床上爬起来把该处理的事情全都处理了。”

“一个包让女生更努力、更独立甚至还能治好拖延症，为什么不呢？”

这篇文章向女性传达了这样的理念：女人就应该买很贵的包包，就值得穿更好的衣服鞋子，就应该享受精致的人生。

【营销亮点】

情感驱动，是二更食堂在内容运营上的秘诀，其创始人说：“能够日增4万粉丝只是因为内容走心。”二更食堂的前身，是曾经通过红包和新年签玩法积攒了百万粉丝的深夜食堂。这百万粉丝中，72%以上都是女性用户，而且以90后女性为主。在女性粉丝最感性的深夜时刻，调动其白昼时满负压力的内心深处最真实的情感，这种“精神鸦片”威力强大无比。这篇文章的厉害之处在于，为赤裸裸的高消费披上了励志的外衣。

【痛点解析】

该案例的爆品驱动因素：炫耀——独特性。

奢侈品之父、《奢侈带来富足》的作者沃夫冈·拉茨勒指出，旧的奢侈概念是纯物质的——大肆挥霍珍贵原料和稀缺物资，消耗劳动力，浪费能源，以此突显政治权势和社会地位。而新的奢侈概念被定义为奢华的生活方式，与地位的确定没有必然的联系，因为新式奢侈不再是对资源的消耗和浪费，而是以知识和技术来寻求精致、高品位的生活。总之，满足精神追求和情感共鸣的需要是新奢侈概念的核心。因此，帮助奢侈品找到炫耀的意义，倡导追求物质享受其实是一种生活品位的象征，这样的内容极易打动人心。

这篇文章极大地激发了女性群体的共鸣：我买了包包，就是要显示我应该有的消费档次和消费能力，要通过这个包包获得外界夸赞，从而提升我的幸福感，买包包不是物质，而是体现自我尊严和存在感。

陈／轩／点／评

在《怪诞行为学》中，曾经讲过一种心理效应，叫“自我的羊群效应”，说的是人们自己会效仿自己上次做出的行为，并且继续指导自己这一次乃至后面无数次的相应行为。简而言之，人的短暂情绪，会变成下意识行为。女人买了一个价值过万的包包，可能下次就会下意识地去进行价值与之相匹配的消费，比如买另一款包包、衣服、鞋子，甚至是提升自我价值的一些课程消费。

这就是“煽情”的魔力，也是营销号变现的一大法宝。

微信“朋友圈广告”：发广告都能引发全民狂欢

【案例简述】

微信朋友圈广告中第一个吃螃蟹的人是谁？告诉你，是三个品牌！

2015年1月，宝马、Vivo、可口可乐，分别在不同的微信用户手机中打出了不同的广告。这标志着，微信朋友圈广告真的来了。

它们的广告创意分别如下：

1. 宝马

创意主题是“越是期待已久，悦是如期而至”。广告采用了拼图成字的形式，宝马当时力推“悦”概念，在“悦”字之中，依稀可见几款宝马车型。有许多人开玩笑说，推送的广告，只有白富美和高富帅才收得到。

2. Vivo

创意主题是“乐享极智，向音乐致敬。与你一起，认真对待每一段音乐”。广告画面播放着贝多芬、金色大厅、留声机、调音台、摇滚、Vivo手机，分别对应天赋、梦想、经典、坚持、自由、极致六大主体，契合了Vivo一贯主打音乐主题的调性。

3. 可口可乐

创意主题是“团圆年味，就要可口可乐”。可口可乐通过四张图片拼出了一大瓶可口可乐，在农历春节到来之际，可口可乐的大红色渲染了节日氛围，走的是大巧不工路线。

微信首批朋友圈广告三连发，很快引发了全民狂欢。

【营销亮点】

为什么微信要选择三连发？原因很简单：宝马、Vivo、可口可乐的广告分别击中的是不同的微信用户。

据说，此次人群投放是根据2014年红包流量来区分的，1000元以下的朋友圈集中投放的是可口可乐品牌广告，1000元～10000元集中投放的是Vivo品牌广告，10000元以上科技新贵和高富帅的朋友圈投放的是宝马中国品牌广告。这三个品牌定向投放自己的广告，虽然是一种形式、同一个平台，但传播的受众人群又各不相同。

微信朋友圈广告“搞事”的做法，很快激起了网民的反击，互动效果很明显。上线还不到半小时，就已经被各种神吐槽刷屏。有的用户刷到了宝马，却说“我买不起”；有的用户刷到了Vivo，正在感叹自己太贫民，却有ID为“Pony马化腾”的在其后评论“我也只看到Vivo”；至于可口可乐，好多用户在问可口可乐的广告长啥样，以示自己不是贫民；也有人哭着说自己一个广告也没刷到；还有用户将三则广告集合在一起评论：“开宝马，喝可乐，用Vivo，才是人生赢家”……一时间朋友圈被各种段子刷屏。

【痛点解析】

该案例的爆品驱动因素：炫耀——阶层。

标榜阶层和独特性，让自我感觉更好。微信开发朋友圈，原来是为了打造一个跟QQ空间和微博完全不同的私密社交场所，最后却意外演变成各种炫耀的场地。人们似乎更愿意在朋友圈分享自己参与某奢华宴会、高端会议、“来自iPhone 6 Plus”的内容。在铁的事实面前，微信首发朋友圈广告，只好利用了国人爱炫耀、爱比较的大众心理。在朋友圈接收到宝马广告的，装作不经意截屏发出来，“微信广告真讨厌”，得意地在朋友圈“晾晒”，必然会激发“为什么我没看到宝马的广告”的疑问。“依据微信大数据，差异化精准投放”，微信一开始就定下了这样的广告规则。

陈／轩／点／评

汤姆·海斯和迈克尔·马隆所写的《湿营销》中提到一个大趋势：族群出现。中国也有句老话“物以类聚，人以群分”，讲的就是人类天然具有成群结队迎接挑战的天性，这一点贯穿了人类的整个生存发展史。海斯和马隆认为，互联网的出现，深刻地改变了人类群体的构成方式，世界变得越来越缤纷多彩，复杂多变，分裂成无数个小群体；另一方面，世界又在逐渐汇聚成令人难以想象的巨大而混乱的整体。人群被撕碎了，所以品牌要根据不同的人群来策划相应的营销内容。

原本卖小东西的公众号：靠推文卖起了宝马车

【案例简述】

2017年7月21日，发表于公众号“黎贝卡的异想世界”的一篇推广文章《想把蓝色穿好看，先要知道你最适合几十度蓝》一度成为自媒体们的谈资。作为时尚自媒体大号，“黎贝卡的异想世界”这一次又做了一个重大突破，谁说时尚博主只能卖口红、卖衣服……黎贝卡这次卖的是限量版MINI轿车。

黎贝卡的公众号“黎贝卡的异想世界”注册于2014年年底。在第一年，她就累积了45万粉丝。截至目前，她的后台粉丝数达到了160万，其中九成都是女性。

7月9日，黎贝卡在自己的公众号中发布了一则海报，首次对外公布将与MINI开启售车合作。7月13日，她发布了在线预定页面，粉丝首先需要提交预约信息，才有机会抢购到限量版MINI。7月21日，这篇为限量版MINI造势的文章阅读量又一度刷新纪录，不仅如此，其转化率也令人欣羡：100辆价格28.5万起的汽车在4分钟内被抢空，50分钟内全部完成付款。

【营销亮点】

一篇关于时尚与汽车结合的软文，会火爆到这种地步，除了之前的引导和造势，最重要的是内容差异化。

文章通过颜色和时尚搭配来做铺垫：

26°静谧蓝：温柔明媚

搭配原则：用红色单品做点缀

40°尼加拉蓝：低调高级

搭配原则：和白色、牛仔单品做好CP

80°宝蓝：高贵华丽

搭配原则：适当露肤或用亮色点缀

100°加勒比蓝：静谧独特

搭配原则：不仅百搭，还独具个性，随时随地都让你在人群中脱颖而出。

“这款加勒比蓝MINI限量100台，你的品位和个性都能在这款车上一一体现。MINI选择这个颜色来做限量款，是想表达品牌不盲从、坚持真我的态度。”

【痛点解析】

该案例的爆品驱动因素：炫耀——品位独特性。

赤裸裸炫耀奢侈品消费，现在越来越被批判为很LOW的行为。现在刺激人去消费奢侈品，赤裸裸说它的稀有珍贵以及身份象征，未必管用了，尤其对于女性中产阶级群体而言。

黎贝卡这篇文章铺陈了半天，无外乎表达了一个观点：购买限量版MINI的人，都是品位高级的人！限量版MINI可能不够奢华，但配上个性十足的100°加勒比蓝，彰显品位。

继奢侈品消费之后，品位成为当下“最有力的证明和自我区隔”。比起分享自己参与某奢华宴会、高端会议、买了什么奢侈品，展现自己的好品位成为一种先进的炫耀，彰显自己的时尚和独特性。购买奢侈品是一种炫耀行为，购买有品位的轻奢品同样够炫耀的资本。

为消费者营造阶层、身份和地位感的附加值，形成一种“符号的追赶和地位的竞赛”，从而提高产品效用和攫取更高的利润。黎贝卡做到了。

陈／轩／点／评

以感性的消费预期吸引客户，解决尝试率问题；再以卓越的产品体验黏住客户，解决重复购买率问题。这就是“互联网+ ”时代营销的所有真相。品牌商MINI确保自己的卓越产品品质，而营销号“黎贝卡的异想世界”通过一个100° 加勒比蓝，帮助其解决了“感性吸引客户”的难题。

人民日报军装照H5：火到可以申请吉尼斯纪录

【案例简述】

2017年7月29日，为庆祝建军90周年，由人民日报客户端创意出品并主导开发、腾讯天天P图提供图像处理支持的新媒体产品——“快看啊！这是我的军装照”在朋友圈霸屏。

整支H5将1927—2017这90年间的11个阶段22套军装全部呈现出来，用户上传照片选择年限即可制作自己专属的军装照，强大的图像处理技术——国内首创的“人脸融合”，既能突出用户的五官特点，还自带美颜滤镜呈现出非常自然的图片效果。

这支用户扫描二维码、上传自己的照片就可以生成帅气的军装照的H5到底有多火？根据人民日报客户端显示的信息：

• 7月29日“军装照”推出

• 7月30日24时浏览量破6000万

• 7月31日上午10时浏览量破1亿

• 插曲：7月31日上午网络谣言：这个H5是冒充人民日报客户端的网络诈骗新手段，当日下午14点27分人民日报客户端发消息辟谣

• 7月31日17时浏览量破2亿

• 8月1日13时浏览量破5亿

• 8月1日24时浏览量达7.31亿

截至8月2日17时，“军装照H5”的浏览量累计8.2亿，独立访客累计1.27亿，一分钟访问人数峰值高达41万，据说已经申报了吉尼斯纪录。

不仅素人在玩，很多明星、名人都忍不住在微博上晒出自己的军装照。

【营销亮点】

为什么这次人民日报策划的活动如此成功呢？因为产品营销实施时间把握得很精准。

1. 时值中国建军90周年，在阅兵仪式中展示出中国军队的钢铁雄狮，全国媒体和人们的关注焦点都在军队、国家强盛上，强大的关注基础是一股风，乘上这股风，此军装照H5就有了一个火爆的基础。

2. 当时中印边境问题，引起全民愤慨，加上《建军大业》《战狼2》《芳华》等主流影片的助燃，民众对“军人的崇敬和向往”的情感被点燃了。

总之，在这个时段推出“军装照H5”，非常吸引大众。

【痛点解析】

该案例的爆品驱动因素：炫耀——独特性。

该活动能吸引大众参与的根本原因在于，刺激了受众在朋友圈展现自我的欲望，满足了其炫耀需求。每个人心中都有个“从军梦”，都想看看自己穿上军装什么样，关键还能穿越时光穿军装。

从怀旧场景到旧相册，切换照片是在翻阅一本记录建军历史的相册，生成照片由过去到现在。这11个阶段的22种不同的军装，相当于让人看了一遍军装的发展史，营造了浓浓的回顾历史、铭记荣耀的氛围。

陈／轩／点／评

炫耀军装照行为属于社会心理学家戈夫曼所言的“印象管理”的一种。戈夫曼的“拟剧理论”指出，社会人好比舞台上表演的演员，会利用各种道具预先设计或者展示自己的形象，并进行表演，努力获取好的效果。在该案例中，军装照充当着表演道具。

“旅行青蛙”：在国内两天霸占了朋友圈

【案例简述】

2018年开年，微信小程序“跳一跳”和“恋与制作人”先火了一把，但最终败给了“旅行青蛙”。“旅行青蛙”仅用了一个双休日就霸占了朋友圈，其蹿红之快，让人措手不及。

“旅行青蛙”是一款放置游戏，2017年12月初在日本上线，2018年1月，短短一个月就风靡中国。2018年2月，“旅行青蛙”的总下载量已经达到了惊人的1000万次，但游戏诞生国日本只占2%，中国占到了95%，也就是说，中国市场成就了“旅行青蛙”。

放置游戏，就是指你大部分的时间只能将它放置在那里，能参与互动的环节非常少。就是这样一款全日文的游戏，在iOS系统中都还没有汉化版，硬生生靠着粉丝的热情被捧上了App Store中国区免费游戏下载榜冠军宝座。一周之内9款山寨版游戏上线，而且还有些山寨版一度跻身付费榜第一名。

这个游戏的玩法很简单，你只要收割庭院里一茬又一茬的三叶草，用来给呱儿子准备好便当、四叶草护身符和旅行用具，呱儿子会自己拿行李独自出门旅行，并且会随时带回旅行时拍的照片。至于呱儿子什么时候出门，去什么地方，交什么朋友，做什么事情，什么时候回家，都不是你能决定的。

甚至等它回到家，它也是一个人要么看书，要么默默地写字，或者一个人吃饭，你完全不能左右。你能做的就是帮呱儿子准备好行李，然后等他回家。就像一个旁观者，只能看着它在屏幕里度过“蛙生”，所以也被称为“佛性养蛙”。

【营销亮点】

那么，一个只需要闲暇之余打开点两下就好的咸鱼游戏，为什么在朋友圈疯狂传播、风靡全国?

1. 打动芳心

“旅行青蛙”的主要玩家是年轻时尚女性。这部分女性的典型特征是喜欢外表可爱+内心治愈的事物。“旅行青蛙”界面风格舒适，颜色是性冷淡风格的绿色系，整体简朴而清新，寥寥几笔勾勒出来的小青蛙萌态可掬。充满田园气息的画风，异常缓慢的游戏节奏，在焦虑与孤独蔓延的快节奏社会生活中，提供了一种慢下来的生存和放松空间。打开游戏，认真玩耍，就是为了更好地“搁着”，不需要投入太多精力。萌系青蛙、森系场景和治愈系风格，戳中了少女心。

2. “佛系”操作

和竞技类手游不同，“旅行青蛙”只有两个场景，游戏简单易上手，不需要花费太多精力和脑力，不需要费尽心思提高排名，只要每天偶尔登陆，收割三叶草，给蛙准备便当、收拾行囊、接待它的好友，偶尔查看信箱接收明信片，就可以懒散而愉悦地养养蛙。

【痛点解析】

该案例的爆品驱动因素：炫耀——社交独特性。

“旅行青蛙”能够像病毒般流传起来，并不在于游戏本身多招人喜爱，而在于游戏所带的社交属性及其给个体带来的优越感。

当70后、80后成为社会舞台的主流，在饱受其炫富、炫娃的“摧残”下，90后、00后选择以“养蛙”予以回击。当大家在谈论“今天你养蛙了吗”，而“高龄的”人群听不懂，大家的成就感油然而生。而且，“旅行青蛙”是在没有汉化版的前提下火起来的。没有汉化版，却能被玩转，这本身就是一种年龄区隔、一种炫耀资本。

陈／轩／点／评

体验型炫耀心理的机制在于：通过分享新奇、漂亮、有趣、稀缺、昂贵、吸睛等体验，来换取他人的羡慕、关注、认可，并获得内心的满足感。“旅行青蛙”的火爆，源于好奇心和焦虑感作祟的从众心理，发力于求关注和炫耀心理的自动分享。

制造社交话题：
Tiffany只用了一只毛线球

【案例简述】

2017年12月，被刷屏最凶的当属Tiffany（蒂夫尼）高达8.7万元人民币的银质毛线球了。之前Tiffany也推出了很多“华而不实”的玩具、文具，比如售卖1500美元的回形针书签，76000元人民币的“鸟巢”。Tiffany称之为“Everyday Objects”（日常用品系列，包括直尺、别针、转笔刀等文具，悠悠球、积木和乒乓球拍等休闲用品，水壶、吸管、银盘等厨房用具，以及包括毛线球、沙漏在内的家居装饰系列）。这些轻奢品，除了价格，真的很日常。

网友们纷纷表示：“原来贫穷真的限制了我的想象！”“原来买个毛线不是骂人的。”“只有王思聪家的猫才玩得起，如果王思聪买了，那这只猫也算是走上了猫生的巅峰。”

其实，Tiffany这些微量噱头产品早在2017年4月份就推出了，这一轮有目的、有步骤的社交网络热炒，不过是为Tiffany其他量产产品的销售做宣传。如同“维多利亚的秘密”看好并迎合中国市场一样，Tiffany也正在视中国市场为奢侈品高地。2017年，Tiffany欧美各国整体销售表现不佳，而独独中国大陆的新门店销售表现出色，Tiffany拿毛线球等宣传造势是其根本原因。

除了Tiffany，很多奢侈品品牌玩过这一招：比如LV出过乒乓球拍和跳绳、香奈儿出过冲浪板、爱马仕出过滑板、LV与Supreme联合推出过棺材……让小百姓看得见、摸不着，赚足眼球和口水，只为让高消费人群进店。

【营销亮点】

Tiffany推出毛线球、回形针等奢侈生活用品，其用意不在销售，而是为了营造热门话题，吸引年轻群体的注意，尝试与年轻消费者互动。当越来越多的年轻人对结婚失去兴趣，该如何吸引新一代消费者，是Tiffany面临的艰难挑战。花样百出，不断推出“生活用品”，就是不断制造新鲜感，吸引着对新鲜事物更感兴趣的年轻消费者。

《蒂芙尼的早餐》这部电影成功把Tiffany推向了全世界，同时垫下了品牌文化基调：美与奢侈并存。所以，Tiffany的这个银质毛线球，虽然形象亲民，但价格依然昂贵。尽管冲着制造社交话题而来，但Tiffany依然未放弃格调。

【痛点解析】

该案例的爆品驱动因素：炫耀——阶层。

围观者是炫耀存活的理由。从受众的角度来看，对于世界上大多数美好事物，受视野、财力和审美等制约，普通人注定不是“尝鲜者”，而他们对于美好事物的热望，通常是通过围观别人来间接满足的。Tiffany毛线球营销的成功在于抓住了围观者的注意力。围观其实是一场充满嫉妒心酸味的炫耀。

陈／轩／点／评

炫耀性爆品的一个重要玩法，就是炮制“炫耀性符号”，即要在营销内容中嵌入能激励消费者去炫耀的符号。这一点，对创意、基于人性的生活阅历和概念提炼能力的考验等要求极高。

第三章

强调法则

强调价值与归属，以专业形象示人

《暖男》霸屏：电台主持人鲁瑾意外火了

【案例简述】

2014年7月16日，周迅身着白色婚纱与男友高圣远牵手现身杭州，宣布了自己的婚期。7月25日，电台主持鲁瑾在其微信公众号上发布了一篇探讨周迅为何嫁给高圣远的千字文章《暖男》。让人出乎意料的是，这篇文章爆红，在短时间内阅读量迅速突破600万，手动点赞过万。这对于2014年的公众号来说，可谓“神级”数字。

这篇文章的作者是鲁瑾，毕业于浙江大学哲学系，是浙江广播电视集团“动听968音乐调频”主持人。在此之前，鲁瑾已经做了十多年电台主持，并不出名，这篇千字文让她体验了一把一夜爆红的感觉，在大会上受到领导重点表扬，登上新媒体热门话题，更有各大出版社的邀约蜂拥而至。网友和读者的追捧让她顺利出版了第一本作品——随笔集《暖男》，被网友称为“暖男教母”。

这篇让不知名电台主持爆红的《暖男》究竟“长”什么样？作者从周迅在杭州的舞台上穿着婚纱迎出了她的老公ARCHIE开始，聊到林青霞和邢李源，两位女神都是历经感情波折，在不惑之年选择了暖男相伴走入婚姻殿堂。女神从不缺钱，真正俘获芳心的恰恰是他们的“暖”。

也许每个女子在年轻时都曾不顾一切地爱过才子，也只有在年轻时才爱得动才子，直到有一天遇到一个“把你看得比他自己重要”的人，结束这个“圣母时代”。这样的观点引发广大女性隔屏点头。

在文章中，作者不忘给“暖男”做了注解：暖男就是在你淋湿时递上一条干爽的大浴巾，怜惜地把你包起来，不远千里打飞的只为送上你喜爱的饭菜，“他会关注你，懂得和理解你的需要”。作者又拎出陈凯歌、张亮、黄磊等明星，做了例证。最后收尾时，作者用了“温度”“爱惜”这两个词，让暖男的形象更加清晰。

《暖男》对于暖男、对于女性择偶需求转变的见解，让更多人有情感参与感，进而引发了整个社会的热议。

【营销亮点】

这篇文章的文笔，用作者的话来说“并不是写得最好的”，之所以这么火爆，一半原因在于借势。周迅作为国内一线女星，她的情感生活一直备受关注，宣布婚讯势必成为媒体关注的热点，作者在这个时候推送文章，可以说是踩准了点，为文章的火爆打好了基础。

【痛点解析】

该案例的爆品驱动因素：强调——归属。

该文虽然通过列举明星来写“暖男”，但其实对普通人来说也是适用的。因为现在的女人大多已经足够独立，比起男人在金钱上带来的安全感，更需要他们在情感上的支持。

随着社会的进步，女性的择偶观不断发生改变，大叔控、禁欲系男神、暖男，女性族群有各种不同的理想对象。暖男击中的是经济独立的现代女性的集体痛点。根据百度百科中的解释，现代女性，是当今社会中有自己的工作、事业、收入，经济上独立、人格上独立，不受男人约束，有自我支配的强烈意识的女性。其缺点也是显而易见的：生活自理能力差，不会做家务，不会做饭、缝袜子、收拾房间等。她们从小到大被父母宠爱有加，大多数人习惯了当温室里的花朵。而对于另一半，她们的要求不是搭伙过日子，也不是能给自己买个LV，满足一下虚荣心。她们所追求的，是一种延续父母般的情感的关注和宠爱，让她们有一种被捧在手心里的感觉。暖男正好满足了她们的这些情感需求，这也正说明了现代年轻人普遍没“断奶”的尴尬现状。

陈／轩／点／评

通过《暖男》一文，很多现代独立女性实现了价值观认同，而一些男性则实现了身份认同。朋友圈中的刷屏、点赞和争论此起彼伏，甚至延续到社交媒体之外。从明星的爱情，到当代男性的素质；从女性的择偶标准，到时代对人的异化。争论既是娱乐，也是站队；既是探讨，也是思考。越是牵引一个族群的痛点的话题，越能在相互交锋中放大用户的参与热情，无论是正面评论，还是负面评论。

力挺《Bully》：Twitter引发的网络冲击波

【案例简述】

2011年，一部以校园霸凌事件为主题、讲述美国青少年在学校、街头包括家中遭受欺凌甚至被虐待、射杀等严重问题的纪录片《Bully》，在即将正式上映的时候，因为语言粗暴问题，被美国电影协会定为限制级（R级）。

根据电影的主题、语言、暴力程度、裸体程度、性爱场面和毒品使用场面等，美国电影分为G级（大众级，任何人都可以观看）、PG级（辅导级，该级别电影中的一些内容可能不适合儿童观看）、PG-13级（特别辅导级，建议13岁以下儿童在家长陪同下观看）、R级（限制级，建议17岁以上观看）、NC-17级（17岁以下观众禁止观看）等多个等级。

美国电影协会把纪录片《Bully》归为R级，引发美国人民的普遍抗议。很多著名影星，如钱宁·戴普、梅莉·史翠普都纷纷站出来声援，请求美国电影协会将这部影片分级修改为特别辅导级PG-13级，以便更多青少年看到。

Twitter成为这场抗议活动最重要的平台。影片发行商甚至将抗议活动定为“Twitter Tuesday”，选定3月27日（星期二）这一天，邀请网友们到Twitter为此事发声，结果：

24小时内吸引百万人在#Bully Movie#话题下发表推文；

半个月后，这部电影顺利更改为PG-13级。

【营销亮点】

Twitter的这场营销顺势而为。在此之前，已经有明星和民众自觉表明态度。其中美国密歇根州高中的一个学生还自发建立了一个网站Change.org，征集到了超过七万五千人的签名。Twitter只是利用自己的平台优势，将活动扩大化了。

【痛点解析】

该案例的爆品驱动因素：强调——支持。

《Bully》电影最终顺利更改为PG-13级，是因为作为以校园霸凌事件为第一要素的纪录片，引发网友自觉站队。据悉，美国当年有超过500万的孩子在学校、公共汽车和城镇街道上遭遇欺凌。校园霸凌成为“最常见的行为”，到了对暴力说“不”的时节。对#Bully Movie#的支持，彰显的是对暴力说“不”的价值观。

陈／轩／点／评

人们对自身利益造成损害的事件，会出离愤怒，在营销学中，叫作“痛点”，营销的本质就是洞察痛点。可以说，但凡取得成功的爆品，一定是戳中了人群的痛点。痛点，很大程度上决定了爆品的传播范围。据一项大数据显示，网民最关心十类社会问题：社会保障、反腐倡廉、收入分配、住房保障、医疗改革、稳定物价、食品药品安全、法治、行政体制改革、国防建设。像校园暴力、性侵，近几年已成为网民关注的头条话题。

宝洁《Like A Girl》卫生巾广告：当天突破2000万点击量

【案例简述】

2014年，P&G旗下的Always卫生巾品牌（又名Whisper护舒宝）推出了一支广告短片——《Like A Girl》（像个女生一样）。这则广告只有3分多钟，一周内在视频分享平台即获得了超过2000万的点击量。2015年戛纳广告节，P&G凭借该广告获得了公关类大奖。

这支广告的拍摄方请来了多位成年女性，甚至成年男性、小男孩来参与，先是让他们来畅谈自己对于“像个女生一样”的理解，然后邀请他们示范“像个女生一样去跑步、打架和投掷”，结果他们的动作无一例外都是矫揉造作、扭扭捏捏。

随后，导演让一群真正的十几岁的女生，“像个女生那样去跑步、打架和投掷”，而这些真正的女生对“像个女生一样去跑步、打架和投掷”的理解是：能跑多快就跑多快，并尽全力去挥拳和投掷。

广告用实例证明，人们对于女生行为的理解存在偏见，用实力告诉那些动不动就要求青春期少女要“像个女生一样”的人，这是在羞辱她们，对她们的成长很不利。

“什么时候‘像个女生一样’成了一种侮辱？”最后，广告制片人呼吁大家去思考这一问题。

【营销亮点】

《Like A Girl》的创意很惊艳，这只是其成功的一个因素。就算如此好的创意，别的企业拿去未必就能玩转。P&G的秘密武器在于，它事先做了充分的准备工作：对来自美国和英国的3000多名年轻女性进行了“青春期自信心理状况”调查。88%的被调查者对“像个女生一样”的标签很反感；72%的女性表明她们对社会的期望与强烈要求感到退缩；53%的女性在青春期后缺乏信心去尝试她们想做的事；60%的受访者认为社会期望给她们的生活带来消极的影响。成功总是留给有准备的大脑，这个道理对于爆品营销也同样适用。

【痛点解析】

该案例的爆品驱动因素：强调——反对。

青春期少女的心理发育正经历着明显的波动，这一时期的她们对外界的评论很敏感，自信心减弱，所以，如果女孩们在成长的关键期，被诸如“Like A Girl”这种带有性别歧视的思想所影响，其自信心很可能会受到不小的打击。这个广告传达出的理念“女性要自信”，得到了女性的强烈认同。

这个广告的厉害之处还在于，引发了女性、母亲、父亲等群体的共鸣，让他们更好地理解了年轻一代的真实想法，为年轻一代的女性成长创造了更多的机会。

陈／轩／点／评

营造代入感，让受众自己去站队，让认同自己观点的人自觉自愿地转发，使嵌入产品和品牌的内容沿着转发人的社会链条去生长、繁衍、说服和交易，争取更多的品牌曝光度和销量增长。这就是强调型爆品的营销逻辑。

《生于80年代》：自媒体的广告位一天一万元

【案例简述】

我们经常听到80后这个词，你知道这个标签的来源吗？这个标签出自程苓峰之笔。2006年程苓峰以一篇《生于80年代》引爆潮流，引发上千家中外媒体在随后三年时间里持续跟进报道。80后遂成为近年来最深入人心的商业及社会学概念之一。

2012年8月29日，程苓峰发布微博："我已离职。迁居南方小镇。我选择不打工、不创业，专心做个人媒体，关注互联网。通过微博和各媒体专栏发布信息，通过稿费和咨询获取收入。个人媒体和社会化媒体是雌雄一体，是大势所趋。我相信自由身更利于创意，令作品更出色、影响力更大，令自己有体面的收入。"

2013年程苓峰首个自媒体"云科技"售微信广告：一天一万。云科技广告以图片+链接附在云科技在微信公众账号和yunkeji.com上发布的文章的末尾的形式开辟广告位。1万人民币1天，3万5天。每天发布文章1~2篇。这个消息发布之后，即迎来三大广告主：唯品会、瑞库德猎头、金山旗下猎豹浏览器。

程苓峰说，云科技在微信有2万真实订户，其中包括数十位互联网上市公司CEO/总裁/CXO以及风险投资合伙人，还有上百位上市公司总经理以上、创业公司副总裁以上人群。云科技在GoogleReader、鲜果、Zaker等各家订阅终端有不少于3万的活跃订户。他们与微信订户类似，是密切关注前沿趋势和竞争格局的互联网创业者。程苓峰在新浪和腾讯微博分别有15万和56万粉丝，其中包括至少100位知名博主，他们的粉丝都在100万以上。

程苓峰为什么有这么多拥护者？这就不能不聊聊《生于80年代》这篇文章。该文让程苓峰成为80后族群的权威发言人，很多人都是冲着这一点而来关注他的自媒体，广告商也是冲着他在80后族群中的影响力而来。

2004年2月，《时代》杂志将一位酷酷的中国女孩搬上封面。春树，少女作家，与韩寒、曾经的黑客满舟、摇滚乐手李扬，这四个中途辍学、性格叛逆的年轻人被《时代》杂志认为是中国80年代出生的年轻人的代表，他们被拿来与美国著名的“垮掉的一代”及嬉皮文化相提并论。

程苓峰指出，《时代》的武断做法大错特错：在中国商界，尤其是互联网界，另一群80后青年正在集体浮出水面。而他们的气质精神，显然和所谓的“垮掉一代”“嬉皮”相去甚远。他们叛逆，但并不鄙视或远离现实生活；他们会口出狂言，但更多时候，他们身上带着与其年龄并不相符的成熟与老练；他们退出有既成规则的游戏，并非出于消极，而是动手写自己的规则，以你可能想都想不到的方式崛起。

程苓峰2004年进入中国企业家杂志社，做过《中国企业家》杂志主笔，采访过中国互联网界的很多人，所以他对年轻一代的互联网人如数家珍。在这篇文章里，他列举了一群年轻有为的80后CEO：康盛世纪首席执行官戴志康（25岁）、PCPOP首席执行官李想（25岁）、MySee首席执行官邓迪（25岁）、总裁高燃（25岁）、技术主管张鹤翔（24岁）、163888翻唱网首席执行官郑立（24岁）、非常在线首席执行官赵宁（23岁）、“创智赢家”畅网科技首席技术官陈曦（24岁）……

【营销亮点】

先说说程苓峰“一文成名”后的经历：从《中国企业家》杂志辞职，到网易担任过科技频道主编，担任过腾讯网络媒体事业群战略投资总监。2012年8月辞职后，开始正式做自媒体人。一开始程苓峰打算给传统媒体供稿，因为价格谈不拢，程苓峰开始把原创文章发表在自己的博客云科技上。

最后他是如何变现的呢？程苓峰指出三个必要条件：

1. 脱离媒体之后，还能不能创造好的内容？

2. 脱离了媒体之后，内容能不能抵达目标读者？

3. 创造的内容抵达了读者之后能不能获取收入？

“这三个问题，在社会化媒体——微博微信到来之后，全部解决了。”

除条件成熟之外，程苓峰认为坚持对信誉负责也非常重要。不是对方给多少钱就答应发软文。发软文和广告，要考虑是否对用户起到了增值的作用。这种诱惑，很多自媒体人难以抵挡。

【痛点解析】

该案例的爆品驱动因素：强调——反对。

程苓峰通过批判媒体对于80后群体的误解，为80后代言，“收割”了大批粉丝。

程苓峰指出：“（80后和企业家大佬们）其实他们是同一类人。只不过冒险、创新、叛逆、决断，这些真正企业家身上的永恒基因，在不同的时代呈现出了不同的形态。和张瑞敏、柳传志、王石等人创业时那个受限重重、对外界普遍一无所知的时代相反，这些80后企业家所在的是一个选择重重、信息泛滥的年代。但这种背景的差别无法抹去未来道路上这些25岁的CEO们将要面临的考验与磨难。”这段话深得人心。

陈／轩／点／评

马克思·韦伯认为，社会上每个人都有群体和阶层归属的需求，人们是在“寻差”和“示差”的过程中完成了社会区隔，也完成了自我形象和意义的社会构建，实现了提升自身社会地位的目标。“示差”就是金钱竞赛，就是前面讲的炫耀；而“寻差”就是通过对比贴标签，找到自己的归宿。

爱心营销：
腾讯公益“小朋友的画”一箭双雕

【案例简述】

2017年8月29日上午，不少人的朋友圈被名为“小朋友的画”的H5应用刷屏了，这是由腾讯公益平台发起的募捐活动，画作由WABC（无障碍艺途公益机构）中患有自闭症、智力障碍、脑瘫等病症的特殊人群创作，微信用户可以以一元钱的价格购买画作，保存成壁纸使用。

截至8月30日，筹款超过1500万元，腾讯公益显示，项目已筹满，善款已由相关慈善机构接收。这个公益行动不仅在朋友圈疯传，仅在知乎的话题就获得了100多万次的浏览量，其火爆程度一度使这次公益活动引起了外界质疑。但是毫无疑问，仅从营销的角度，这确实是一个不折不扣的成功案例。从自闭症儿童的角度切入，不仅让大众加深了对自闭症患者的关注，同时顺利筹得了善款。

【营销亮点】

在这个案例里，一方面，这个公益活动更像是一个游戏，让玩家参与进来，产生了有趣的互动，花一元钱买一张画，就能帮助自闭症儿童，游戏设置得合情合理；另一方面，从自闭症儿童的话题切入，使受众产生同情心，人们更愿意去转发分享，以强调和炫耀自己的爱心。所以不管是从形式还是内容上来说，这个案例都可谓是成功的典范。

【痛点解析】

该案例的爆品驱动因素：强调——支持。

无论是线上互动技术，还是从自闭症儿童话题切入，最终起作用的都是大家的同情心和善意。正如腾讯公益在主题宣言“用艺术点亮生命”里所倡导的：“为了消除社会偏见，帮助患有自闭症、脑瘫、唐氏综合症等精智障碍的特殊人群改善生活，融入社会，实现自我价值。”这场涂鸦狂欢背后起作用的是，人们对特殊人群的关爱。

陈／轩／点／评

爱心营销，最容易滚出巨大的雪球，所以近年来慈善营销越来越多。爱心营销原本多为线下小范围的活动，能形成爆品营销，通常需要很强的创意和技术，为爱心穿上一个马甲，这一点，腾讯公益很擅长。

四处刷存在感：《人民的名义》成为高收视率的爆款剧

【案例简述】

《人民的名义》是2017年大火的电视剧之一。近年来，各类“小鲜肉”主演的剧集霸占荧屏，仙侠剧、爱情剧受到热捧，反腐剧很早就退出了卫视黄金档。

《人民的名义》却意外走红。以往反腐剧的受众主要是中老年人，年轻人关注得较少。而《人民的名义》走红却是依靠90后、95后等一众年轻人的“自来水推广”，并且其受众覆盖了不同年龄层和不同类型的观众。实际上，这部剧在湖南卫视独播，一开始，很多人觉得和芒果台风格不搭，并不看好。

来看下《人民的名义》播出时的战况：

- 收视率破8
- 百度指数排名第1
- 微博话题浏览量超过30亿
- 优酷上有75.8亿的播放量
- 百度有1,200,000篇文章

没有“小鲜肉”，没有大IP，题材又是收视率重灾区的反腐正剧，却出其不意成为爆款剧。除去新颖大胆的故事情节和一大批老戏骨的演出，前期的营销工作做了很大贡献。

【营销亮点】

1. 微博话题及微博大号引爆舆论

微博成为影视剧营销的第一战场已是不争的事实。#人民的名义#微博话题有多火？网友表示，每天不关注这部剧都像少了点什么！

从开播的侯勇首次完美演绎反面角色和号称全国排名前三的点钞人员令人惊艳的点钞手法，到该剧近40位老戏骨精彩演绎，酬劳却不敌一个“小鲜肉”，再到湖南卫视三次现场考察后以2.2亿买断独家播出……抛出的不提“反腐”、顾左右而言他的热点话题一个接一个。

剧中众多实力派演员纷纷在微博和观众互动，给《人民的名义》的播出添了一把火。此外，各网红大号也在微博中纷纷转发与评论，从而带动了粉丝传播。

2. 文章病毒助攻，迅速提高热度

从百度搜索《人民的名义》，相关新闻已经多达1,200,000条，无论是发行方的传播策略还是媒体对热点的报道，反正该剧的热度很快就起来了。

据新榜日常采集库的微信公众号数据显示，一周竟然有8451篇微信文章提到《人民的名义》，其中包含55篇10万+爆文。

豆瓣和知乎这两大阵地也在很大程度上宣传了该剧。豆瓣很多8.8分的高分文章中都有提及。知乎上“如何评价《人民的名义》”一问，获得了100万+的浏览量。《人民的名义》话题关注者达3万人。

海量的文章爆品，在各社交平台的讨论，成就了《人民的名义》这部反贪大剧空前的火爆奇迹。从3月30号的74万到4月5号的302万，短短5天时间，翻了4倍多，而且这个曲线还呈现出上涨的趋势。

【痛点解析】

该案例的爆品驱动因素：强调——价值与归属。

看剧离不开讨论，边看边论，才是现代看剧人的风格。讨论就是一种价值观的认同，一种站队。这部剧的大火，反映了社会大众对于政府反腐倡廉的支持。

举个例子，这部剧中的达康书记意外火了。大众对达康书记好像更喜欢，脑洞大开，一些热心网友还给达康书记制作了表情包，在社交中随时不忘带上达康书记。喜欢达康书记，本身就是一种价值观的强调，一种明确的站队行为。

陈／轩／点／评

该案例运用了广撒网原理。之前传统营销的传播节奏或者是“晚上8点的黄金时段”，或者是三大门户网站，都属于集中进攻性的。但移动社交媒体撕裂了受众的时间，每个人时时刻刻都在线上。当然有所谓的饭后、睡前等时间节点，但整体上触媒时间碎裂得毫无规律可循，消费者注意力的碎片化直接导致媒介影响力的碎片化，这令传统营销束手无策，导致像《人民的名义》一样四处刷存在感式的爆品营销越来越流行。

拉粉丝来站队：95后女孩的一篇小清新文章火了

【案例简述】

1995年11月出生的曲玮玮，2016年3月发表了第一篇10万+文章：《你策马扬鞭仗剑走天涯，我在路边赏我的花》。这位小姑娘描述了自己理想中的“不浮躁世界”：生活方式多样，价值观多元，不炫耀财富，不用自己的价值观裹挟他人，人人活得自在安然，俨然一现代版的《桃花源记》。这样的理想，当然与我们真实的生活形成了巨大的反差，但正是现实的无奈与美好的期待，促使此文被争先点赞和转发。

这篇文章提醒大家反思：究竟什么样的生活，才是所谓的“幸福的生活”？你在北京有好几套房产，日子过得潇洒快活。我肚子里藏着万卷学识，不问世事也自得其乐。

你想折腾，就去创业，拥抱“北上广”；爱自由，就背上行囊去远行流浪。没有人对你辛苦好几年创业未成冷眼嘲讽，也没有人看轻你一路的风餐露宿和漂泊无根。

年轻人不用被社会残酷的小皮鞭抽着拼命往前跑，被冰冷的物价压着，挤着进最热门、最赚钱的行业，被父母亲朋催着，二十几岁相亲结婚然后仿佛就到终老……他们可以被包容迷惘犯错，可以各有各的生活态度，可以自主地掌握自己的人生并永远尊重不同。不炫耀，不贴标签，不互相裹挟……

你我尊重彼此，各自安好。

【营销亮点】

《你策马扬鞭仗剑走天涯，我在路边赏我的花》之所以如此火爆，如同倡导表达自我、多元价值观的《奇葩说》一样，在于它的辩论式反向共鸣。和宝洁广告《Like A Girl》异曲同工，90后、95后对于“你年轻就得策马扬鞭仗剑走天涯地奋斗”很反感，他们需要边奋斗边享受生活的生活方式。

文章成功勾起了时下年轻人的情绪。在深夜，内心里谁不曾有过怀疑，有过迷惘，谁又不曾失眠孤独抑郁又极度缺乏安全感。是年轻人的心理有病，还是这个社会病了呢？越是在绝望的深井，就越是要抬头仰望星光。而被现实紧紧压迫致“有病”的我们，轻易就会爆发冲动去表达、去发泄、去反扑。

【痛点解析】

该案例的爆品驱动因素：强调——站队。

曲玮玮的价值观是什么？她呐喊的是：“我就是那个被浮躁社会裹挟着往前跑的人啊，我就是那个不按常理出牌的奇葩啊，我就是想做自己、被包容、被尊重的我本人啊！”当同样的呼喊被别人表达出来，“被表达的我们”自然会因为特别服帖的代入感，感同身受而迸发热烈的思绪，从而最终影响行为。

她的铁杆粉丝发明了一个词叫“雅趣女生”，曲玮玮觉得用来形容自己的粉丝特别贴切。“我的粉丝当然是文艺的、细腻的、敏感的，但除此之外，还有一种不拘于小节的大气吧，不是那种小女生。”从数据上来看，这当中近九成是90后和95后。风华正茂的年纪，搭配这样的粉丝，曲玮玮写的内容很容易传播开来。

陈／轩／点／评

做内容，最关键的是要理清楚内容品牌的价值观，成为具有人格特质的公众号，这才是营销的精髓。无论是曲玮玮的文章，还是《奇葩说》的经久不衰，靠的都是“勇敢去站队”，为同类去代言。只有把自己说清楚了，你的粉丝才能找到你！

“老道消息先生”很年轻，但功力很深，在腾讯做分享时，他说过一句话，我送给所有有志于做内容的朋友：“每个公众号都有自己的受众，你能勾起每一个受众的自我意识的时候，就是一种好的写作行为。”他认为1万小时以上的写作经验或者30万字以上的文学作品，才是写作者的门槛。但这里的文学作品指的是“自我表达”类的文学作品，而不是广告文案。

纪录片《二十二》：一篇推文帮其实现排片率逆袭

【案例简述】

2017年8月14日，世界“慰安妇”纪念日当天，一部关于“慰安妇”幸存者的纪录片《二十二》悄然上映。据说这部影片没有声势浩大的宣传，也没有大导演IP，更没有明星加持，排片率只有1%。

电影公众号“乌鸦电影”推送的一篇影评《她们在等待道歉，日本政府在等待她们死去……》瞬间刷爆了朋友圈。在微信公众号打开率逐渐下降的今天，这篇文章的阅读量迅速突破800万，手动点赞10万+，公众号涨粉21万。CCTV提到了文章内容，人民日报官方微信也主动转载，其他媒体、公众号的转载更是不计其数，影片《二十二》在8月16日的排片率因此上升至11%。

【营销亮点】

究竟是什么让这篇文章的影响力如此之大呢？推送时间精准+题材敏感+叙事吸引人。

从文笔来看，用作者的话来说，可谓是文笔平平，能够引起如此大的反响“实属意外”。但是文章推送时间精准、题材敏感，再加上对读者的情感渲染，已经让它具备了爆品元素。从文章推送时间来看，恰好在世界“慰安妇”纪念日当天，恰好在影片上映当天，相关题材更能够引起读者的关注。从文章题材来看，这篇文章并不是最早评论这部电影的，“慰安妇”的话题较为敏感沉重，大多公众号都选择了从比较宏观的角度来评论，而作者却选择了微观角度，没有谈论政治，没有评论战争，没有用过多的言语来煽动读者的民族情感，而是用讲述故事的方式娓娓道来，真实、具有亲和力。

“2012年12月，广西桂林，新坪镇桂东村。92岁的韦绍兰，她每个月只能拿到30块钱的低保。对此老人家没有太多怨言，她总是说，我买一次菜要用5块钱，买什么呢？买白菜啊，白菜便宜。钱够用就行了，多就多用点，少就少用点。”这样的高龄，这样拮据的生活，老人家却没有太多怨言，依然坚强、善良、乐观，她背后有着怎样的故事？作者以一位普通老人的生活现状切入，吸引读者继续读下去，继而讲述老人不为人知的过去。

后由此转到导演郭柯拍摄影片的经历，其中最让人动容的是，纪录片前身是个短片，这个短片名为《三十二》，当他把这部短片拍成纪录长片时，却只剩下二十二人了，到电影《二十二》上映时，中国在世的“慰安妇”老人，仅剩下八人。数字变化的背后，是生命的黯然逝去，她们承载着历史和身心伤痛，在生命结束之时依然没有等到正义来临，没有等到那句应有的道歉，读者隔着屏幕都能感受到她们的痛，悲伤愤懑之情油然而生。作者文章里虽然没有激烈的言辞，显得冷静、平和、真实，但是，“会感动的人，自然会被感动”。

【痛点解析】

该案例的爆品驱动因素：强调——转发。

“慰安妇”是一个敏感沉重的话题，在宏观上足以引起所有中国人的民族情感共鸣，“这一路上，日本鬼子见到女人就拖上车。韦绍兰说，不敢抬头，不敢数，也不知道他们拖了多少个。她们被关到屋子里，被鬼子不分白天黑夜地强奸。”看到这样的句子，读者很难不产生愤怒情绪，基于价值观认同和帮助意愿进行转发。

作者选择的微观视角，使故事的主人公们看起来如此平凡，仿佛邻家奶奶一样，更能刺激读者的转发欲望。“试问，如果有记者问你奶奶，当年是怎么被日本人凌辱的，你想不想抽他？”看到这样的句子，读者很难不为所动。

文章结尾作者更是直接“催转发”——“今天是8月14日，也是世界‘慰安妇’纪念日。希望在一年的365天里，我们留出一天来关注这些老人，尊重她们经受的疼痛，尊重她们遭受的苦难。”

陈／轩／点／评

事实证明，充满正能量的主流价值观，并没有被网民抛弃。网民还是愿意转发正能量的内容，尤其是涉及民族大义和爱国热情的文字。转发这样的内容，不仅能提升人格魅力，还能帮助弘扬社会正气，何乐而不为？有时候，属于什么样的人，很难用一个简单的标签去界定，所以，一次表明态度的站队行为，就可以找到归属感。可以说，人们转发正能量文章，有时候不只是出于宣扬正义的目的，更多的是为了寻找一种归属感。

一篇100万+测评文章：获得300万美金A轮融资

【案例简述】

微信公号“企鹅吃喝指南”2016年4月6日发布了一篇《300包薯片，我们吃完了！这是你们想要的结果》，很快就获得了100万+阅读量。凭借这篇爆文的影响力，“企鹅吃喝指南”竟然获得平安创投和贝塔斯曼亚洲投资基金的300万美金A轮融资。

“企鹅吃喝指南”微信公众号2014年上线。最开始，其微信公众号专注于做红酒类的科普视频，时不时会组织线下活动，邀请粉丝参加“企鹅品酒会”，借此带动红酒销售。CEO王志伟的判断是，传统酒类电商的流量和推广成本居高不下，如果先制作优质内容教育市场，黏住用户，再向其兜售红酒，推广成本能大大降低。

运营了一段时间后，王志伟发现：单做红酒一个品类的内容，用户黏性不足，重购率难以保证。因此，王志伟决定扩充品类，从红酒出发，延伸到吃喝整个大领域。随之而来的问题是：写美食的自媒体这么多，包括“艾格吃饱了”“吃很重要”“什么值得吃”等公众号都掳获了一批自己的死忠粉，如何能标新立异，写出一篇爆文、一战成名呢?

王志伟从美国请回刘晓意担任企鹅的内容主编。在纽约待了五年的刘晓意是个再典型不过的优质生活达人，她曾做过Tablet Hotels精品酒店OTA中文版内容编辑以及职业食评人，吃遍美国的米其林餐厅。刘晓意加盟后，企鹅每周都会开几次选题会，以保证几十个选题的库存量。一旦选题确定，立即成立项目小组执行。刘晓意将企鹅内容调性描述为，“将理科生定性和定量的研究方式和调查记者的严谨态度相结合。吃喝需要讲故事，但是光有情怀还不够，用数据和道理去支撑故事才有意思”。复旦大学材料学毕业的工科男王志伟总结得更“简单粗暴”：要像写论文那样去写食评，逻辑第一，文笔第二。在这个理念的指导下，于是有了这篇带着数据化、专业化美食测评味道的爆文。

《300包薯片，我们吃完了！这是你们想要的结果》阅读量100多万，刷新了企鹅公号文章的阅读量纪录。其实在此之前，“企鹅吃喝指南”还有一篇10万+爆文——《我们去了汕头，只为让你看到潮汕火锅真正的样子》，这篇评测文章为《300包薯片，我们吃完了！这是你们想要的结果》的超级引爆奠定了基础。

再看一个类似的例子：

一向贩卖少女心的胡辛束，在2016年8月份写了一篇汇总性的分享文章《疯狂地试用了27支口红后，所有的结果汇报都在这儿了》，获得了极高的阅读量和点赞量。不过，这位92年的“辛里有束”CEO显然并没有就此满足，她在该年年底的圣诞节又搞了一件大事情：以出精油著称的某国民护肤品牌谋求在美妆品类的跨界，联合胡辛束一口气推出500支口红。为此制作的“口红猜色号”游戏H5链接首次出现在12月21号胡辛束同名微信公号的一条推送里。

关于游戏设置，可以用“变态”来形容，总共15关，每关都是看起来极其相似的不同色号口红，然后让你选出相同的2款。如果你闯关失败，则会获赠“直男”称号，很多女生看到第一关眼就“瞎了”，此时500支口红线下展览邀请就会弹出。

估计胡辛束本人也没想到，这个“变态”的H5游戏能迅速引爆全民参与的热情。截至22日下午5点，游戏点击次数已达1500万，在微博上引起上千评论、上万转发。更有意思的是，以前只是女人春梦的口红，在这个游戏里，竟吸引了大批男性，挑战自己。据说最后为连闯15关的网友抽奖，得主就是个男孩子，奖品是500支口红……这一刻，姑娘们败得如此彻底，情节反转得出奇。

在全民陷入"口红猜色号"的H5游戏中抓狂崩溃时，当然幕后推手胡辛柬也没闲着，在之后的几天内，也就是圣诞节期间，接连发了三篇微信文章，对线下的"胡辛柬 · 500色口红展"来了两波前期预热和一篇超长会后总结贴（分别为《500色口红免费试色，你来吗？》《500色口红免费试色最后一天，你来吗？》《与500色口红共处一室，会发生什么？》）。文章图文并茂，重点是图片包含的500只五彩缤纷的口红（红橙黄绿青蓝紫粉）、娃娃机游戏和帅哥为你擦口红环节等内容，十分吸引人。

【营销亮点】

以经验为依据的心得分享，很容易被转发。写这类测评文章，要把握住以下几个要点：

1. 通过图文分析是关键，分享罗列的素材，必须够时尚、够前卫，营造"全球最好的产品都在这里"的感觉；

2. 一定要数字化，数量要足够大，数百甚至上千，但是数字一定要具体化，这样可以凸显诚意；

3. 营造亲测且透明化的感觉，在权威迷失的时代，消费者更愿意相信，亲测给人的真实的感觉；

4. 要有引发互动的效果，有人认为是"业界良心"，有人认为是"丧心病狂的举动"，引起了争议，效果就达到了。如果再认真讨论里面的食物"好吃不好吃""是否值得照着清单买买买"，就更好了。

【痛点解析】

该案例的爆品驱动因素：强调——专业。

现代人普遍存在选择恐惧症，一般人没有时间和金钱去做各种尝试，例如染发、买大牌包等，所以希望有人出来告诉自己一些经验，以降低自己的试错成本。因此以专业形象示人的文章很受欢迎。

陈／轩／点／评

诸如《我们品尝/试用了多少XXX之后，你要的XXX都在这里了》的评测类文章，是爆文的一种路数。如果你所要宣传的产品属于行业顶尖产品或者小众领域权威产品，不妨试试这种方式。不要小看这类文章！万事开头难，企业经营最需要的是基础客群，这群人从哪里来？依靠这类文章，可以为新品牌打开局面。

第四章

猎奇法则

寻找有趣与刺激，独乐乐不如众乐乐

《魔女嘉莉》"恶搞"营销：被免费报道了一次又一次

【案例简述】

"纽约咖啡店惊现超能力少女""我和我的小伙伴们都惊呆了！"2013年10月，一个名为《Telekinetic Coffee Shop Surprise（咖啡馆隔空取物秀）》的恶作剧视频，在美国YouTube上迅速火了起来。

在这个视频中，有一个长相普通的妹子，在咖啡被一名男子撞翻了之后，突然怒发神功，使用意念发挥隔空移物的超能力，将该"肇事男子"忽地"移"上了墙壁。紧接着，这间寻常的咖啡店突然变得诡异起来：人在飞、书本在飞、桌子在移动……简直就是好莱坞大片走进了现实啊，现场喝咖啡的吃瓜群众当时就吓跑了，在YouTube屏幕前观看短视频的吃瓜群众也都惊呆了。

事实上，这个世界并不存在魔法，只存在令人难以置信的高科技。这段小视频是恐怖片《魔女嘉丽》制片方在上市前精心策划的一个营销视频。他们事先准备好了高科技装备，在幕后偷偷控制人飞、桌子移动，甚至书本纷纷跌落……这场恶作剧的目的，就是用隐藏的摄像机从不同角度全方位展现人在受到惊吓时的真实表情和仓惶逃离时的惊慌举止。

《Telekinetic Coffee Shop Surprise》制造的魔法现场其实就是影片《魔女嘉莉》的一个预演。影片《魔女嘉莉》本身讲述的就是一个青春期叛逆少女嘉莉·怀特使用魔法对同班同学复仇的恐怖故事。影片主人公嘉莉·怀特本身也是一个土里土气的平凡女孩，她经常使用意念移动物体的超能力去恶搞人际关系，但在执行的过程中却时不时因失手而造成恐怖后果。

短视频的预告效果非常明显：在YouTube蹿红后，被人在社交媒体中各种转发。视频当中那些顾客以及目击者们惶恐、惊讶的表情让人忍俊不禁，看了又看。这段视频很快变成了一个新闻事件，得到了主流媒体的广泛宣传，恐怖片《魔女嘉丽》因此没有花广告费，就这样被免费报道了一次又一次。

【营销亮点】

通过低成本制作的创意短片，在视频平台上传，获得恐怖片粉丝们的关注，形成口碑；通过极佳的创意来引起主流媒体的主动报道，是恐怖片《魔女嘉莉》的高明之处。一句话，《魔女嘉莉》极尽低成本营销之能事。

当时，好莱坞电影的宣传推广手段还停留在依靠电视、报纸、杂志、电台等传统媒体大手笔宣传的阶段，恐怖片《魔女嘉莉》是一次利用爆品内容引爆网络和口碑传播的成功尝试。

【痛点解析】

该案例的爆品驱动因素：猎奇——互动。

西方人挚爱的魔法，在现实中是根本不可能发生的，但它就在一个普通的咖啡馆真实地上演了，《魔女嘉莉》的创意成功调动了人们的好奇心。《魔女嘉莉》——咖啡馆恐怖袭击，首先在于它的逼真，其次在于之前没有人这么玩过。而从根本上来说，喜欢看恐怖片的人，无论对现实还是虚幻世界中的“魔法”都存在强烈的偏好心理，所以当“真实的恐怖恶搞”发生后，会很自然地引起这部分人群的自动转发和相互讨论。

陈／轩／点／评

本案例遵循爆品实战原则之“情境模拟原则”——通过“高仿”的低成本情境还原和吸引人们进行互动，来达到预告效果。这一招经常被使用：模拟游戏——视频上传——社交发酵——粉丝恍然大悟被营销。

喜茶时尚：为什么风投愿意投资喜茶1个亿

【案例简述】

2017年，最热闹的营销事件之一，莫过于网红喜茶的大排队。

2017年2月，喜茶进入上海市场，上海喜茶首家店在来福士开业。

2017年5月，喜茶进入杭州市场，杭州店在来福士广场开业。

2017年8月，喜茶进入北京市场，三里屯黑金店和朝阳大悦城双水吧店同时开业。每进入一座城市，必引发一场排队。这就是喜茶的爆品营销方式。

喜茶原名皇茶。6年前，广东江门九中街开了一间小小的叫作皇茶的店，90后聂云宸一人负责店面装修、菜单设计、产品调制等工作，天气不好时，每天只能卖出几杯茶。

2016年初，皇茶更名为喜茶。2017年2月，喜茶在上海开店——位于上海人民广场来福士商场。新店瞬间引来上百人的长队，慕名而来的顾客在大厅被蛇形通道分成6条，等候少则半小时，多则6小时，就是为了购买一杯喜茶。据说，原价20~30元一杯的茶饮被炒到70~80元，依然有人买单。上海单店创下每天卖出近4000杯，日营业额达8万元的战绩。喜茶在上海走红后，“排队”“打卡”“发朋友圈”随即成为喜茶的关键词，也使其一举成为茶饮网红。

喜茶北京朝阳大悦城店，据说单店月销售额400万元。算一下，以客单价23元，每天开业10小时算：每天会卖出去5797杯，每小时会卖出去580杯，每分钟会卖出去10杯。

喜茶在2016年获得了超1亿元的融资，由IDG资本以及投资人何伯权共同投资。这是自聂云宸投入十几万后，喜茶的第一笔外来资金。据说，除此之外，几年间，喜茶没有依靠任何外来资金和借贷，仅靠自身的盈利能力发展至今。喜茶目前给VC报价估值300亿。

【营销亮点】

无论是否是自编自演，结果是排队这种方式起作用了。

喜茶的排队模式除了地段选得极佳：大客流+低单价+小平米=逼着人排队，再加上网络炒作，勾引时间不值钱的年轻人补充新鲜血液。这支90后团队，将羊群效应和从众心理玩到了极致。

在喜茶三里屯门店排队的一名代购者称，一杯喜茶的“排队费”至少30元，顾客会在饮品送达后以小费形式支付。美团、邻趣等App上均可以代购喜茶。在邻趣App上，喜茶三里屯店的代购“排队费”为65元。而美团App会根据路程计算“排队费”，同时页面显示，因排队时间长，建议附加30元以上鼓励费。

【痛点解析】

该案例的爆品驱动因素：猎奇——炫耀。

年轻人排队真的是为了喝一杯喜茶吗？正如喜茶CEO聂云宸所坦言，排队者中有70%~80%是因好奇心而来。

有人说，现在排队买喜茶的，跟当时排队买杏花楼青团、黄太吉煎饼果子、鲍师傅肉松面包、WIYE冰淇淋的，是同一拨人。排队者多是爱刷手机的年轻人，排队和看手机两不误，所以他们愿意花时间为好奇心买单。他们拿到喜茶后，发朋友圈一晒，又激发了其他人的好奇心。

排队的人，被理性的人反复藐视，其实用刚获得经济学诺贝尔奖的理查德·泰勒禀赋效应的理论，完全解释得通，即当人们拥有某产品后，对该产品的评价的价值，会比拥有它之前大大增加。

排队两小时，花20块钱，买了杯甜茶水，高兴地合影留念，证明自己是一个热爱生活的达人，也算“体验经济”的一部分吧。

陈／轩／点／评

喜茶案例本质上玩的是饥饿营销。故意放慢制茶速度，延长排队时间，以增强营销效果。必须要指出的是，这种饥饿营销可以激发好奇心，但消费者的忠诚度也可能因此而降低，甚至一去不复返。

制造反差效果：一个小网站一天获得30万用户

【案例简述】

游戏“Take This Lollipop（拿走这个棒棒糖）”是由恐怖片编剧&导演Jason Zada开发，开发初始目的是为万圣节预热，并通过此游戏给大家敲响注意隐私的警钟。

游戏“Take This Lollipop”的恐怖之处就在于，当你进入该家神秘网站，授权其连接你的Facebook账号，允许其读取个人资料后，就会看到令人尖叫的画面：小黑屋里一个面容极度扭曲的男子，正坐在电脑前浏览Facebook页面，他紧紧盯着你的主页，而且不断被你Facebook里面的照片、发文内容刺激着，当你在Facebook中透露出你居住的城市，这个男子便会在Google Map搜索，然后开车去找你，而且他车上后视镜的照片竟然就是你的Facebook大头贴。

在“Take This Lollipop”发布后对公众开放的24小时内，就有超过30万人授权其连接自己的Facebook账户，它也是至今为止Facebook史上成长最快速的应用。

【营销亮点】

“Take This Lollipop”广受关注的一个重要原因，在于预热时机选在了圣大节日。万圣节在国外属于重要节日之一，年轻人尤其喜欢在这个节日刷存在感。

万圣节有两个主题元素：小孩子要糖吃和以恐怖装扮吓人。“Take This Lollipop”集合了这两种重要元素：用棒棒糖吸引人关注，然后用恐怖片吓人。

棒棒糖是源自于西班牙的零食，广受孩童欢迎，口味众多，从甜到咸，是童年的经典甜点之一。几乎每个西方孩子都有吃棒棒糖的记忆，所以用可爱的棒棒糖做噱头很容易吸引年轻人的注意力。而且，让一个人自己主导一个恐怖片，则让年轻人大呼过瘾。

【痛点解析】

该案例的爆品驱动因素：猎奇——刺激。

“Take This Lollipop”重点关注的人群是喜欢浏览大量的新奇网页、玩新奇游戏、寻求新刺激的年轻群体，代表人群是80、90、00后这样的网民，他们比起上一代人更容易接受新信息。

可以说，“Take This Lollipop”成功的关键，在于足够惊悚刺激，提供了最有用的信息——保护好你的个人隐私。浏览个网页，居然让自己成了被追杀的主角，这成功引起了年起人的好奇：这是什么样的网页?

陈／轩／点／评

制造意外，是猎奇类爆品营销的精髓。该案例利用的是反差手段，与传统视频营销的主题不同，“Take This Lollipop”通过诱惑性的标题，塑造了极大反差的感官效果。它让关注者接受到了极大的反差刺激，陷入困惑、惊悚、刺激的情境中。很多人看了这一视频后表示：“先是被吸引，然后被吓到。”

用户主动传播：社交网站Ning的几何倍增效应

【案例简述】

在国内以开心网为代表的社交网站兴起于2008年，国外要更早。比如创立时间只比开心网早一年的社交网站Ning。这个网站由著名的互联网大师Marc Andreessen（马克·安德森）和前高盛投资银行家Gina Bianchini（吉那·比石尼）共同创立于加州，办公地点就在Facebook对面，距离Google也不远，通过这个办公位置的选择，也看得出来创始人对这个平台所处未来行业地位的野心。

Marc Andreessen曾创建过Netscape，并在1999年以42亿美元卖给了AOL（美国某新闻集团）。他还将自己创办的Opsware以16亿美元卖给了惠普。此后他一直在思考，如何创办下一家公司，这时候他遇见了35岁的Gina Bianchini。Gina Bianchini是斯坦福的MBA（工商管理硕士），毕业之后创建了一家广告效果跟踪和监控的软件公司。两个对社交网络有着敏锐直觉和透彻研究的互联网大师，一拍即合，创办了Ning。

让我们通过数字来看看Ning的发展速度：2007年2月，Ning创办上线，随后用户一直在自动地迅猛增长。四个月后，Ning上面已经建立了6万个社交网络，8月份数字增长到8万。到了2007年年底，成立不足一年，数据就突破了15万。到了2009年，这个数据变成了130多万，平均每天有3500个新的社交圈被创建、每月有27亿的网页浏览量。这只是Ning社交网络上显示的数据，而每个社交网络下至少还有数百甚至数万人的注册会员，整个网络的会员人数规模可想而知。

【营销亮点】

Ning是一个自助式的社交网络平台，它为用户提供了一个能够免费创建自己感兴趣的社交网络阵地的平台。在这个平台之上，用户可以自由地上传问题、评论、图片及视频，主题五花八门，从母婴话题到汽车聚乐部，从明星偶像到边缘群体，无所不包。

在Ning上，每一个单独的群体，都可以是一个商业活动的平台：每个社交网络的创建者是一个用户，而任何一个用户都可以成为社交网络创建者。如此，用户就可以从这两个方向做双重传播：群组队伍在不断壮大，而每个成员的影响力也越来越大。

这听起来有些绕口，举个例子，比如用户A在Ning上建立了吉赛尔·邦辰的社交网络，然后有了10个注册会员，然后这10个人中有一个人又建立了一个莱昂纳多的聚乐部，可能另一个用户又建立了一个拥戴安妮·海瑟薇的社交圈……这样一来，很快两个、三个甚至数十个网络就会同时建立起来。而且，原来已经建成的圈子还在不断吸引着新的用户，比如一个非常火的“hip－pop”主题，已经有了10多万的注册会员。Ning就像一条宽阔的河流，过程中不断有新的支流加入，让这条河变得更宽阔。看到这里，你有没有觉得眼熟？对，这很像豆瓣的兴趣小组。

一个用户建立起他自己感兴趣的社交圈之后，他就会邀请自己的亲人、朋友、同事甚至是陌生人加入进来，以此来扩充他的社交网络。用最少数量的传播公式去计算，每个新用户平均一天可以带进2个新人，也就是说，第二天就又会有4个新人，第三天变成8个……一周时间，一个新用户就可以带来128个新人，这种增长一旦形成，你就可以预测下它的发展速度。这就是为什么Ning在很长时间内，都能够保持每天500个新群组的建立，并且能够以超4%的增速增长。而且，这种病毒式的传播形成一定规模后，它的发展是不会停下来的。

【痛点解析】

该案例的爆品驱动因素：猎奇——尝试。

Ning号称是“万能社交网络”，它给用户提供免费的DIY社交平台。人们可以根据自己的喜好去尝试创建自己喜欢的社交圈，且不需要复杂的申请过程。所以Ning上最初创立的小组大部分是用户去为自己喜欢的明星偶像创建一个专属的社交圈，以至于乍一看网站更像是娱乐新闻阵地。不同的是，在这个平台上，用户和偶像名人之间的距离更短，大家能够更自如地、直接地相互交流和沟通。一个Ning小组，其实就像一个独属于艺人自己的、能够独自掌控的商业平台。因此这个平台吸引着越来越多的用户去创建小组，尝试与偶像们建立联系。

“如果你做出来的产品刚好是人们需要的，那么，你的用户就会帮你发展你的事业。当人们对你提供的服务在感情上离不开的时候，你就会像YouTube和Facebook一样成功。”Ning的创始人Bianchini如是说。换句话说，分享靠谱的内容是前提。

陈／轩／点／评

Ning的商业模型：将社交互动的活力整合到产品功能中。Ning的成长壮大，依靠的是新用户不断带来更多的新用户，用户不断自我复制传播，从而使产品实现爆发式增长。

“大黄鸭”走红：谁是幕后最大的赢家

【案例简述】

2013年5月2日，橡皮大黄鸭“驶入”香港维多利亚海域，媒体形容它的巨大：“高、宽16.5米，长19.2米，这是一只憨态可掬的橡皮大黄鸭的尺寸数据，约六层楼高。”

“大黄鸭”在香港露面的当天，吸引了几百万游客参观，赚尽人气。一只用普通橡胶做成的“大黄鸭”瞬间走红。在展览期间，无论浏览哪家新闻网站，都能看到这只如同玩具模样的“大黄鸭”。就知名度而言，这只“大黄鸭”已不亚于当年世界杯期间风靡全球的“章鱼保罗”了。

“大黄鸭”来港，是由香港著名的购物商场——海港城做东。海上显现巨鸭，让市民游客大饱眼福，加上媒体的自动报道，为海港城凝聚了巨大人气。海港城用最低的成本，吸引了最多的人气。

“大黄鸭”在香港展示期间，不但市民喜欢、商界艳羡，香港政界人士也从“大黄鸭”现象获得颇多启发。在当时的香港行政长官立法会答问大会上，有议员表示，巨鸭访港，除了带旺零售业以及旅游业外，更勾起了香港人的集体回忆——“林健锋议员的父亲林亮先生，就是第一代胶鸭仔之父，重温当年生产胶鸭的往事，令人津津乐道。”

至此，如果你认为“大黄鸭”的最大赢家是海港城，你就错了。“大黄鸭”的最大赢家当然是它的制作者——霍夫曼团队。

霍夫曼设计了这只“大黄鸭”，编织好“童话故事”，制定好游戏规则，就等着全球收割“战利品”了。自2007年第一只“大黄鸭”诞生以来，霍夫曼带着他的作品从荷兰的阿姆斯特丹出发，截至2014年8月，“大黄鸭”先后造访了13个国家和地区的22个城市。

【营销亮点】

“大黄鸭”之所以每到一座城市都能引起空前关注，原因在于它的广告痕迹很小，这与霍夫曼的富有远见分不开。霍夫曼对商家要求很严格：不许他们将商标印在大黄鸭身上。试想，如果没有霍夫曼的坚持，一身广告的大黄鸭，还能这么受欢迎么?

【痛点解析】

该案例的爆品驱动因素：猎奇——分享。

“大黄鸭”是一个可以引发全球化“忆童年”的创意，足以触及到每个人的心灵深处。“大黄鸭”的撩人之处在于，孩子们喜欢它，大人们也喜欢它，“致我们已经逝去的童年”。受“大黄鸭”影响的人群足够广泛，因其而产生的营销影响注定深远。

陈／轩／点／评

没有创意，营销就会失去起码的吸引力。“大黄鸭”创意的成功之处就在于能用一个物件让人“怀念童年”。这和“大黄鸭”本身的造价成本高低、材料优劣没有多大的关系，关键在于它拨弄了受众内心深处的那根琴弦。

汉堡王“听话的小鸡”：20余人换来2000万次互动

【案例简述】

汉堡王（Burger King）在美国是仅次于麦当劳的快餐连锁店。2005年初发觉市场推广有严重问题的汉堡王做了一个惊世决定：撤换掉长期合作的著名4A广告代理商，出人意料地把价值高达3.6亿美元的广告代理合同转给了一家名不见经传的小公司，为的就是“摆脱俗套”。

这家小广告公司没有令汉堡王失望。2005年4月上旬，汉堡王藉此推出了首创视频互动线上游戏——“听话的小鸡”，意在推出新的鸡块快餐。

“听话的小鸡”设置极为简单，在一个视频窗口站立着一个人型小鸡，下面有一个输入栏，供参与者输入英文单词。当你输入一个单词时，视频窗口的小鸡会按照你输入的单词的意思做出相对应的动作。比如你输入“Jump”，小鸡会马上挥动翅膀，原地跳起，然后恢复到初始的画面，又比如你输入“Run”，小鸡就会扬起翅膀，在屋子里疯跑一气，而当你输入的单词小鸡无法用肢体语言表达的时候，小鸡就会做出表示不解的动作，还有就是当你长时间没有输入动作的时候，小鸡就会做出擦汗的动作以示抗议。一句话，这是一个完全会按照你的命令去执行的小鸡。

汉堡王完全摒弃了传统电视广告狂轰烂炸式传播，而是依靠互动、主动引发的网络口碑传播，以求快速推广新的鸡块快餐。

汉堡王这个营销事件的成功，不只是在于吸引很多人来玩“听话的小鸡”这款线上游戏，更在于转化率高。据悉，至少有10%的互动网民，最终去享用了汉堡王新推出的鸡块快餐。

【营销亮点】

“听话的小鸡”引爆，靠的仅是20多个人而已。

汉堡王一开始只安排了20多个人把网址发到各自的朋友网络，没有想到影响那么大。游戏上线一周内达到了1500～2000万次点击，平均每次访问的逗留时间长达6分钟。连创作者都很诧异：“简直完全失控！”

当然，“听话的小鸡”的广告做得也很隐蔽，不扰民。页面完全不出现促销信息。在搜索栏下面，汉堡王提供了4个按钮，其中一个按钮是照片，也就是收藏了一些小鸡的照片，类似拍摄花絮；一个按钮是小鸡面具，这个按钮提供了一个可以制作成小鸡面具的图像，可以把这个图像打印然后沿虚线剪下，制作出与这个小鸡一样的面具；一个按钮是发送给朋友，可以发邮件把这个网址告知朋友；最后一个按钮才是可以直接链接到汉堡王网站的按钮，网民可以通过这个按钮浏览到最新的鸡块汉堡快餐促销信息。

【痛点解析】

该案例的爆品驱动因素：猎奇——有趣。

可能在今天看来，“听话的小鸡”无论在技术层面还是内容层面都很“弱鸡”，但是在当时却相当吸引人。据说，这款小游戏吸引了跨越年龄、性别、种族、阶层的所有网民。不管是在空闲时间还是在紧张的工作之余，参与者都可以感受到快乐、放松，对于接触到它的人来说，压抑、不开心等瞬间云消雾散，何乐而不为呢?

陈／轩／点／评

本案例运用的口口传播效应。相比起传统的电视广告的干扰式传播，“听话的小鸡”通过网络的口口相传得到了最深入的传播。因为有趣，凡是接触过这个网站的网民，都会主动地把网址复制并通过电子邮件或者是网络即时通讯工具发送给朋友。

霍比特版安全须知：善于见“机”行事的新西兰航空

【案例简述】

霍比特版安全须知《An Unexpected Briefing》是新西兰航空公司拍摄的安全起飞奇幻宣传短片。

作为《魔戒》系列影片的拍摄地，新西兰航空当然也就成为了“矮人国的官方航空公司”，就连飞机上的安全须知也专为霍比特人订制。电影里的人物纷纷登上公司最新的波音777-300ER飞机，中土的奇装异服和各类魔幻道具让客舱变成原始味十足的山洞，还有驾驶舱里搞怪的法师机长，不知会把飞机开往何处。

虽然此片长只有四分钟，却历经三天三夜才摄制完成。这个短片将一般航空公司的起飞视频中的座椅调节、安全救生衣的使用、救生通道的使用等内容，通过与《霍比特人》的剧情和造型相联系，使整个视频充满乐趣和创意。重要的是，每位乘客都会乐于通过这个短片去了解乘机安全知识。创意让人眼前一亮，寓教于乐。此片推出后迅速吸引了全球的网民，四天时间，视频在YouTube上的点击量便突破了700万大关。

新西兰航空的这一做法后来被中国海南航空效仿。海南航空推出了3D葫芦娃版航空须知视频。葫芦娃七兄弟，老爷爷、穿山甲、蛇精等悉数登场，让乘客在重温童年记忆之余不知不觉增长了航空安全知识。

【营销亮点】

《An Unexpected Briefing》的目标很明确，就是大量收割《魔戒》的庞大粉丝。

如何变《魔戒（指环王）》的部分粉丝为自己的粉丝呢？这就是《An Unexpected Briefing》的策划初衷。在2012年第一部《霍比特人》上映前，新西兰航空公司投放的这部宣传短片。

《An Unexpected Briefing》被命名为“史诗级别安全须知”，演员西尔维斯特·麦考伊、迪恩·奥戈尔曼，以及导演彼得·杰克逊均在视频中出镜。外加兽人、巨鹰、魔法师、精灵、矮人，中土世界的美景奇观以及大气磅礴的战争场面……

短片用足了《魔戒（指环王）》的元素，也充分利用了人们对于《霍比特人》电影的期待心理，成功达到了借势宣传的效果。尝到了甜头之后，时隔两年，新西兰航空公司又联合电影《霍比特人3：五军之战》制作了新版安全须知，效果同样很好。

【痛点解析】

该案例的爆品驱动因素：猎奇——刺激。

奇特是吸引和维持注意力的关键，此片充满乐趣和创意，是年轻群体80、90、00后等愿意在互联网上分享的新奇内容和知识。

《An Unexpected Briefing》的有趣之处在于：

1. 采用电影人物、奇装异服和魔幻道具相结合拍摄的宣传片，与中规中矩的安全起飞篇相比，具备奇特性；

2. 诙谐幽默的介绍方式，形象可爱，而造型却很复古，强烈的反差也是其奇特性的一部分；

3. 视频配乐与情节发展相适应，跌宕起伏，引人入胜。

陈／轩／点／评

猎奇类营销内容植入新信息，效果会更好。内容本身是足够优秀的现实有用的新信息，结合新奇性，使得此宣传片更容易被记住、更加有趣、更加有感染力，还能让观众直接学习到航空安全起飞知识。新西兰航空广告宣传形式除了魔戒的宣传片，还有吉祥物小仙女游戏、纸模飞机大赛、南极冒险家等，所有的营销活动，都是以创新精神在航空界闻名。

百事可乐“足球+角斗士”：征服全球年轻人

【案例简述】

2004年夏天，欧锦赛在即，百事可乐搬出贝克汉姆、小罗纳尔多、托雷斯、托蒂等9名超级球星，以及美国流行天后布兰妮、碧昂斯、红粉佳人和西班牙情歌王子恩里克，推出了角斗士足球版和流行版的百事广告。

在足球版中，百事将故事搬到了西班牙拉戈萨的一个中世纪小城。平静的部落来了一批凶神恶煞的敌人，野蛮残暴地抢夺百事可乐。此时镜头中出现，以贝克汉姆为首的9名英勇角斗士，凭借脚下出神入化的足球功夫，最终战胜了敌人，夺回了百事。

而作为足球版角斗士的姊妹篇，流行版则发生在欧洲古罗马的竞技场。角斗士装束的布兰妮等人走上校场中央，开嗓高唱皇后乐队的经典摇滚歌曲《WE WILL ROCK YOU》（我们将摇滚你），歌声、欢呼声震耳欲聋，角斗士们最终得到了统治者手中的百事可乐。

这两则角斗士广告选择在欧锦赛开战前夕推出，片中更是汇集了大量的足球元素，无论是足球明星的球技神演绎，还是足球场上的经典曲目《WE WILL ROCK YOU》，抑或是足球圣地、盛产豪门的西班牙风情。这无疑提前点燃了全世界球迷的激情。

另外，在制作上，两个片子也是一如传统的大手笔。制作成本花费了上百万欧元，演员的角斗士盔甲造型由电影版《角斗士》造型师亲力打造，画面整体风格也是气势恢宏、大气磅礴。这一场视觉盛宴无疑让所有观众都大饱眼福。

【营销亮点】

这则广告火起来的一个重要原因在于双借势。让我们看看广告的拍摄背景：2004年欧锦赛即将来临之时，足球运动十分流行，贝克汉姆风头正足；以罗马帝国战争为背景的好莱坞大片《角斗士》获得奥斯卡大奖，余热未消。

当时民众是什么心态呢？民众普遍对于足球热情高涨，并期待观看激烈角逐的球赛和明星球员的球场征战。足球和角斗士相结合的广告片大大满足了观众的需求，吸引了观众的注意，能充分激发民众的观看热情。

还有一个背景是，时至2004年，百事可乐在营收总额和增长率方面都超过了对手可口可乐，公司销售收入达到了292.61亿美元，每股利润增长19%，而可口可乐为219.6亿美元，增长为4%。百事可乐要在气势上力压可口可乐。

【痛点解析】

该案例的爆品驱动因素：猎奇——有趣。

百事可乐口号为“新生代的选择”。其中的“新生代”泛指美国战后高峰期出生的青年一代。他们新潮、叛逆、独树一帜，追求“酷”劲儿十足的消费方式与生活方式，以此与老一代划分界限。百事正是抓住年轻一代的心理，在广告定位上追求年轻、活泼、时尚、叛逆、个性。

无论是在流行版中，性感的美国天后布兰妮、碧昂斯伴着《WE WILL ROCK YOU》的激昂音乐出现在气势恢宏、充斥着男性荷尔蒙的罗马竞技场；还是贝克汉姆披上角斗士战袍，罗纳尔蒂尼奥在万千骑兵面前亮出脚下功夫，卡洛斯的大力怒射如同长矛一般射穿对方铠甲，画风迥异、故事离奇的创意似乎都在受众想象之外。

当它被百事搬到屏幕前时，好奇、震撼以及想象的乐趣，随之涌现。观众看到广告后发现，原来天后还可以这样唱歌，原来用足球战胜敌人是这么酷。成功引起消费者注意并给消费者留下深刻印象的百事广告，最终带动购买行为也就顺其自然。

陈／轩／点／评

面对热门话题，就是要创意十足+重拳出击。当时足球是全球关注的大热门，各种媒体及社会大众对于足球相关的重要信息十分敏感，只有创意十足、重拳出击才能跳出来。百事可乐广告中大牌球星频频出镜，引得媒体争相报道，完美利用了媒体来进行品牌及商品的宣传。

宝洁一鸣惊人：视频爆品的至高代表

【案例简述】

说起视频爆品的至高代表，非Old Spice（老香料）莫属。Old Spice是宝洁公司在美国本土的一个品牌，主要经营沐浴露、须后水和止汗露产品。2010年Old Spice陷入危机门，为了扭转品牌形象，Old Spice决定改变品牌调性，重新出发。

Old Spice通过一则视频广告，在社交平台与粉丝展开互动，然后采纳网友的建议，持续再推出有趣的视频，以“视频病毒-互动-修改视频病毒-互动……”的方式疯狂传播。Old Spice首支视频在美国网络上一经推出就获得极大反响，更在此后的戛纳国际广告节上成功摘取影视类全场大奖。

好的创意都是被对手逼出来的。2010年之前，Old Spice一直采用中规中矩的广告策略，总是被联合利华旗下创意十足的Axe品牌抢走市场。为扭转局势，Old Spice决定尝试荒诞搞笑的广告策略。为此，Old Spice定下新宣传语“闻起来像个男人”，并请来了具有六块腹肌的黑人演员兼橄榄球运动员泰瑞·克鲁斯作为其广告代言人。

视频广告大致是这样：“女士们，看看你们的男人，再看看我，再看看你的男人，再看看我。非常不幸，他并不是我（有这么好的身材）。但是呢，如果他使用Old Spice的话，至少闻起来会像我一样。（下面开始让女人了解，男人用了这款产品后会发生什么事情）往下看，往后看，你在哪里？在船上，和你的男人在一起。现在看看你的手，再看看我，看我手里有你喜欢的票票。再看一眼，票票变成钻石了。如果你的男人使用Old Spice产品，那么一切皆有可能。我在马背上（暗指白马王子）！”

【营销亮点】

Old Spice这支广告不仅内容搞笑，后面的玩法也很精彩。

Old Spice品牌团队制作了一个后台程序，在Twitter、Facebook等社交网络发出邀请，让用户针对广告中的角色进行提问或者吐槽或提建议，然后利用社交平台的API抓取用户的评论信息，并从中筛选出最具话题性的问题，为每一个问题拍摄20秒的视频短片，上传到YouTube的“Old Spice频道”来做回应。短短几天，连续拍摄了超过180部视频短片，成功实现超过2000万的访问量，可谓一鸣惊人。最后的结果是，真的有越来越多的网友来咨询问题，而且跑去商店为他们的男人购买这款产品。

藉此，Old Spice引发全美轰动，成为美国销售第一的男士沐浴和体香品牌。从此，Old Spice就在爆品路上越走越顺。

【痛点解析】

该案例的爆品驱动因素：猎奇——搞笑。

Old Spice产品的重点消费人群是喜欢修饰自己的千禧一代年轻男性群体（1984-1995出生，英文是Millennials，指出生于20世纪时未成年，在跨入21世纪即2000年以后达到成年年龄的一代人）。千禧一代伴随着电脑/互联网的形成与发展一同成长，代表人物如Facebook社交网CEO马克·扎克伯格（1984年5月14日出生）。他们比起上一代男人需要更加细化的护肤程序，更喜欢可以引起共鸣、轻松娱乐化的数字营销。Old Spice搞笑的营销视频深得其爱，最终成功吸引到21-35岁的男士族群，还“意外”吸引到了38%的女性。

大多数男士产品都喜欢把自己的品牌塑造成高端且魅力十足的形象，Old Spice颠倒了人们的这一刻板印象，其离奇幽默的广告风格，很快就吸引到消费者的注意。可以说，Old Spice成功的关键在于足够幽默有趣或者富于争议的话题内容。黑人骑白马、肌肉会摇滚等恶搞风潮，成功引起了美国人的普遍好奇：这葫芦里卖的什么药?

陈／轩／点／评

Old Spice这轮视频爆品活动的成功不只是内容上的成功，更在于它开创了一种新的广告形式。与传统视频营销依靠营销人员构思主题不同，Old Spice通过邀请用户提问来设定话题，塑造了崭新的视频互动模式。众口难调，无厘头的搞笑其实很难搞，Old Spice的高明之处在于它让消费者说出自己最感兴趣的话题，让消费者参与到创意风暴中。让消费者参与其中，有两个明显好处：第一，亲身参与的用户体验，会让他们对品牌有天然好感；第二，竞相谈论会吸引他们对产品营销活动持续关注。

依云“旱冰宝宝”：世界上最可爱的广告长这样

【案例简述】

依云是法国著名矿泉水品牌，堪称天然矿泉水的水中贵族，声称世界上唯一可以直接用在婴儿身上的矿泉水。因此婴儿一直是依云广告中的惯用元素，依云宝宝的形象也映射依云“永葆童真”的宗旨。

依云“live young——活出年轻”系列在2009年推出一则名为《旱冰宝宝》的营销视频，清奇梦幻，幽默有趣，非常经典。

这则视频的主角是清一色婴儿。镜头一开始，伴随着说唱团体“糖山帮”的Hip Hop单曲《Rapper's Delight》（说唱者的喜悦）的背景音乐，穿着纸尿裤的宝宝们脚踩旱冰鞋登场。宝宝们虽然只有几个月大，却拥有非凡的才能，旱冰鞋在他们脚下玩转自如，跳跃、旋转、翻跟头，一会儿跳上栅栏，一会儿大跳Hip Hop……一会儿又沿着依云水瓶摆成的直线穿梭滑行（此时才暴露出这则视频的广告金主——依云），动作、表情酷味十足，与穿着纸尿裤的萌宝宝形象形成十分有趣的反差。

美国《信息时报》这样报道这段视频：“我们或许能想象包着尿片的婴儿，他们能提前说话、走路，因为许多天才儿童都是这么过来的。但是我们绝对想不到他们居然能穿着滚轴溜冰鞋在街头玩花式轮滑，金鸡独立、空翻、倒立。”

除了《旱冰宝宝》这则营销视频，之后依云也沿用婴儿形象制作了一系列动画短片、平面广告等。同样以“Live young”为宗旨，注重宣传其健康、天然的矿泉水特质之外，通过一系列依云宝宝的形象，突出其年轻、时尚、永葆青春的卖点，以此吸引注重健康、关注潮流的年轻粉丝群体。

这些广告自推出之后，一直使用网络平台进行病毒式营销传播。通过网友的关注、转发和自发的口碑宣传，最终使这条视频创下了吉尼斯世界纪录，成为截止2010年以来点击量最高的在线广告。这些广告，YouTube全球点击量超过4600万人次，三万多博主转帖，在全球250多个电视节目中被播出和讨论。全球无数网友大呼：“这是我见过的最可爱的视频。”

【营销亮点】

现代广告中有个3B法则：美女（Beauty）、婴儿（Baby）和野兽（Beast）。

美女（Beauty）是眼球杀手，这是因为对于人类社会来说，“美”是每个人都心向往之的，无论男人、女人、大人、小孩儿，对于美丽的事物，都会呈现出本能的趋近行为。

婴儿（Baby）可以呼唤起人类的关爱欲望，喜欢小孩子是人的本能之一。尤其对成年女性而言，每当有可爱的小孩子出现在广告画面里，她们就会瞳孔放大、情不自禁地发出尖叫。小孩子天真、可爱、笨拙的言语与行为，极容易激发人们的怜爱之心。

动物（Beast）能融化人的心理防线。现代社会人与人的关系变得复杂，使得动物成为人们情感的寄托对象。动物被人类赋予各种象征意义，用动物做营销元素，除了比较招人怜爱，较易讨好消费者外，还能制造幽默效果。

依云《旱冰宝宝》利用的正是婴儿（Baby）法则。通过婴儿来呈现创意，往往事半功倍，感染力超乎想象。

【痛点解析】

该案例的爆品驱动因素：猎奇——搞笑。

几个月大的宝宝，在成人的观念里，恐怕连站都站不稳，更不会想到让他们去滑旱冰。但依云通过特技制作，让宝宝们在镜头下完成了这一难以置信的行为，从而成功引起成人世界的好奇，成为病毒“传染”的起始点。视频中广告的自然植入，以及宝宝们的可爱表情和酷酷的动作形成的反差所带来的幽默有趣，也避免了受众对广告的排斥和抵触。

陈／轩／点／评

需要指出的是，利用婴儿制造营销内容，事先要有失控的心理准备。这些正常情况下连站都站不稳的宝宝们，在镜头里能呈现如此真实又梦幻的效果，依靠背后的技术制作。制作人员总共拍摄了近百名宝宝，让他们在绿色幕布前跟着音乐片子扭动身体，录制他们的表情，保证真实自然，然后将已拍摄好的专业溜冰者的视频进行加工，换上宝宝的头像。依云《旱冰宝宝》的成功，强大的技术支撑占很重要的因素。

嘉士伯“为勇敢行为鼓掌”：大胆的创意助其实现品牌转型

【案例简述】

2011年，嘉士伯啤酒在比利时策划了一场活动。他们在容纳150人的电影放映厅中安排了148名虎背熊腰的机车猛男，剩下的两个座位专门卖给买票的情侣。这对情侣被这些壮汉包围，如果他们还能够鼓起勇气在这群壮汉的注视下走进去坐在位置上，这148名机车壮汉就会举起嘉士伯啤酒对他们的勇敢行为表示祝贺。

这个视频短短不到2分钟，于2011年9月在YouTube上发布，一经上传就被网友疯狂转发，截止到2012年5月已有累计1100万的播放量。很多网友称赞这个广告有创意，纷纷表示：被一堆彪形大汉团团围住，还敢拉着自己的女人坐在座位上看电影，难道还不“值得来一杯”吗?

这次广告的播放与传播，给嘉士伯啤酒带来了丰厚的收益。据统计，2011年第四季度嘉士伯啤酒销售额提高了4.3%。

【营销亮点】

这是一次品牌转型的大胆尝试。

嘉士伯，1847年诞生于丹麦哥本哈根，是全球第四大啤酒酿造集团。在成长的过程中，嘉士伯经历了金融危机大洗牌，品牌的收购和整合，最终在欧洲市场拼出一席之地。但随着社会不断向前发展，嘉士伯啤酒也面临着新的挑战。面对年轻一代的崛起，以及人们社交手段和消费习惯的转变，嘉士伯啤酒必须转换过去含蓄的品牌形象。

为此，嘉士伯啤酒将目标消费群锁定在心理年龄为“25～35岁”的男性和女性消费群体，他们热爱生活，思想开放，外向乐观，喜欢尝试新事物和追求优质的生活，时刻准备冒险、挣脱枷锁，嘉士伯啤酒旨在成为这些人追求成功之后奖励自己的伙伴之一。所以，嘉士伯啤酒鼓励每一个人“有勇气做正确的事”，而作为对自己做正确事的奖励，正如它的全新广告口号：此时此刻，值得来杯嘉士伯！

“为勇敢行为鼓掌”广告一经推出，就受到广大年轻人的赞许和传播。这支广告传达的勇敢无畏的精神，成功引起了年轻人的共鸣，带动大家一起向社会传达正能量，为自己的勇敢行为鼓掌喝彩。

【痛点解析】

该案例的爆品驱动因素：猎奇——搞笑。

试想一下：你跟女朋友走进电影院，影院里却坐满了身材魁梧、背阔胸宽的壮汉，更糟糕的是只剩下中间的两个位置，在这群人虎视眈眈的注视中，你们要穿过走廊，到达座位。这是一种怎样可怕的体验？这场活动中，很多情侣被这样的场景吓得转身离开。但有几对情侣，鼓起勇气穿过走廊到达座位，然后这些壮汉递来嘉士伯啤酒为他们的勇敢喝彩鼓掌。“有胆儿就过来坐吧”，嘉士伯啤酒的这则广告充满刺激性和挑逗性。

嘉士伯啤酒之前的口号“可能是最好的啤酒”，是在含蓄地表达该品牌百年品质的自信，新口号“此时此刻，值得来杯嘉士伯”，明确表达了一种“欢乐时分，我们应该陪你在场”的诚心。“为勇敢行为鼓掌”侧重表达“此时此刻，你们奋勇直前，值得来一杯”。这种幽默另类的广告风格，很快就吸引到年轻群体参与进来，实现了品牌的成功转型。

陈／轩／点／评

爆品营销策略是“老品牌”实现年轻化转型的利器，已经为很多品牌所采用，在本书中的嘉士伯、蒂芙尼、老干妈等案例，都验证了它的可行性。爆品的目标群体中，以年轻人居多，而年轻人乐于尝试新事物，这就是老品牌通过爆品营销策略实现年轻化的原因所在。

“百度更懂中文”：搞笑广告助力百度上市

【案例简述】

“我知道你不知道我知道你不知道我知道你不知道。”

“我知道，你不知道。我知道，你不知道我知道，你不知道。”

“我知道你，不知道我。知道你不知道我，知道你不知道。”

“我，知道你不知道我知道。你，不知道我知道你不知道。”

2005年，一则以唐伯虎为主题的搞笑视频在网络上疯传。城墙上，贴有一张悬赏文字告示，一个看似很有学问的老外带着一个美女来看告示，老外说：“我知道。”

正巧江南才子唐伯虎在市民的一片欢呼声中走来，说道：“你未必知道。”他将悬赏上的文字断句成“我知道，你不知道我知道，你不知道”。

老外只懂得重复那一句“我知道”。随后，唐伯虎又不停地说下去：“我，知道你不知道，我知道。”

“你不知道我知道你不知道。”唐伯虎还原了看似简单、实际复杂的告示，老外一脸窘迫，连老外身边的美女也被唐伯虎吸引，向他投怀送抱。

唐伯虎挫败了老外的嚣张气焰，老外气急之下喷出一口鲜血。此时大家异口同声喊道：“百度更懂中文！”

短片的末尾，还有5段精辟的文字，描述百度在中文断句上的技术优势及对中文的执着和热爱，展示了“有问题，百度一下”等百度产品特色，此举很清楚地告诉网民：“百度，比老外更懂中文。”

【营销亮点】

这个电影式的小广告，被业界称之为中国首个真正意义上的互联网爆品营销案例。据说该视频短片的创作是因为“没有广告预算”而想出来的。视频出炉之后，百度没有额外花费一分钱投放广告，没有发过一篇新闻稿，仅仅通过员工邮件以及一些视频网站挂出下载链接等方式扩散开来，传播效果却是出人意料得好。

截止2005年12月，超过2000万人观看并传播这个广告视频，几乎涵盖所有网络搞笑交流中心、视频中心及不计其数的个人博客和几乎所有论坛。百度藉此先后获得国际实效营销类的专业大奖——2006年艾菲金奖、第12届中国广告节上代表中国广告创意最高荣誉的全场大奖以及2005年年度中国品牌建设十大案例。视频走红后，随之而来的便是业绩的提升，百度市场占有额比原先提高了10%左右，达到了很好的营销效果。

为了配合百度上市，百度特地策划推出这一系列短视频广告。广告的灵感来自于2004年一组移动、联通相互恶搞攻击对方的视频在网络的热播，百度决定做一组不需要投入大量广告费，而让网民自动传播的搞笑短片，经过几次反复，最后确定下来的一系列广告有4个，分别是“刀客篇”“唐伯虎篇”“孟姜女篇”“名捕篇”。其中，以“唐伯虎篇”传播得最为广泛。

【痛点解析】

该案例的爆品驱动因素：猎奇——搞笑。

这原本是一个介绍百度产品优势的广告。经过唐伯虎对同一句话用标点进行不同的断句而形成不同的表达效果，让老外听得玄晕至吐血，表达了百度对中文有更深的理解力。这部片子结合了娱乐、八卦等因素，与市场现状、人们的心理现状相呼应，十分成功。

唐伯虎篇恶搞的表达形式，迎合了80后一代网民的口味，一下子击中他们的内心，他们很愿意与年纪层次相仿的网友分享这段视频。这一系列的视频短片，在百度上市前为其树立了品牌形象，更加巩固了它“第一中文搜索引擎”的王者地位。

陈／轩／点／评

移动社交时代的最大特点是将传播的主动权还给消费者，所以才会出现定制生产的商业模式。以前的消费者如同婴儿，只能回答Yes，或者No，而现在的消费者不仅站起来对企业指手画脚，甚至开始“抢夺”企业手中的生产、销售、广告创意等“神圣的权利”。所以，即使连百度这样的超级企业，也在想法设方讨好大众。很多人都觉得互联网公司做的广告土味十足，其实是他们更懂目标人群罢了。

DC Shoes“gymkhna5”：还原好莱坞大片的飙车游戏

【案例简述】

说起美国滑板品牌DC Shoes，就不得不提它的创始人肯·布洛克（Ken Block），极负盛名的拉力赛车车手，更有铁粉称其为“漂移皇帝”。同时，肯·布洛克还热衷滑板、滑雪、越野等极富挑战性的极限运动，并由此创立了运动品牌DC Shoes，为各种极限运动参与者生产鞋子和衣服。

为了宣传DC Shoes，肯·布洛克通常亲自上阵出演，在每年推出一部长约10分钟的汽车拉力表演视频（gymkhna 1-6），视频中精彩绝伦的漂移绝技，每次都能在YouTube等社交圈引起广泛的关注和讨论。可以说，肯·布洛克不仅汽车漂移玩得酷炫，自媒体营销功力也是相当精湛。

其中，gymkhna5据说是肯·布洛克自我感觉最为享受和疯狂的一次制作过程。驾驶着自己的嘉年华赛车，肯·布洛克在旧金山市区中疯狂地漂移，瑰丽的旧金山海湾大桥、各种急转弯、大卡车、小摩托车等各种随时出现的障碍物，在肯·布洛克面前都是不值一提的背景。他驾驶的赛车就像玩具车一样跳跃、甩尾、竞速，甚至飞起，让人目瞪口呆，简直刺激又惊险，令看客们肾上腺素激增。

可以说，也正是这几支视频的推出，成功地扩大了DC Shoes的品牌影响力，使DC Shoes真正成为广受年轻群体追捧的极限运动和街头文化品牌。无论是专业极限运动，还是街头文化，DC Shoes都处于先锋位置。

【营销亮点】

gymkhna 系列汽车漂移视频的忠实受众，已经不仅限于肯·布洛克本人的疯狂粉丝，音乐、滑板、改装车以及各种极限运动的狂热爱好者和年轻群体都被收拢其中。肯·布洛克本人所具有的不断突破、激情热血和纯粹专注力也赋予DC Shoes以强大的品牌基因，吸引着同样追求自我忠诚和渴望不断突破的年轻人。

在gymkhna系列的视频中，肯·布洛克神乎其神的漂移技术自然获得了无数赛车爱好者的疯狂追捧。同时，他在片中也毫不避讳地宣传着自己身上穿着的DC Shoes的赛车服和鞋子。在视频获得疯狂转发和观看的同时，片中的产品自然也深深烙在所有受众心中。

【痛点解析】

该案例的爆品驱动因素：猎奇—刺激。

色彩斑斓的喷涂赛车，全副武装的超级赛车手，精彩绝伦的漂移表演，轮胎滑过带起的巨大烟雾，这一切构成了一场视觉与听觉的盛宴，无疑能激起观众强烈的猎奇心和刺激感。

下一个障碍是什么？赛车手能否成功通过？又会展示怎样的炫酷车技？这一个接一个的疑问吸引着观众目不转睛地紧盯着屏幕直到结束，并且表演者的难度越高，效果越震撼，我们也会随之越兴奋和刺激。

Gymkhna系列视频将观众猎奇和寻求刺激的情感需求，借用赛车这种极限运动的形式，发挥到极致。我们在好莱坞大片中看到的飙车镜头，肯·布洛克把它搬到了现实生活中，这能不让人大呼过瘾吗？

陈／轩／点／评

刺激类活动之所以吸引人关注与参与，起作用的就是多巴胺。多巴胺是一种神经传导物质，它传递兴奋及开心的信息。营造特定场景，会刺激多巴胺的分泌。

互动营销：T-Mobile 坚持不懈的“快闪主义”

【案例简述】

T-Mobile是一家跨国移动电话运营商，运营范围横跨欧洲、美洲和东南亚，是世界最大的移动电话公司之一。

T-Mobile是爆品高手，他们制作了一系列以“life for sharing”（分享快乐生活）为主题的快闪视频营销案例，比如恶搞皇室婚礼、地铁快闪群舞、创意嘲笑竞争对手AT&T网速慢等。这些恶搞视频借由YouTube等视频社交平台，像病毒一样在网络疯狂传播。

其中最著名的莫过于2009年的“地铁快闪舞”。2009年1月15日上午11点，伦敦利物浦站依旧像往日一样繁忙。此时车站大厅突然响起动感歌声，正在大家纷纷诧异之时，已经有人开始随着音乐翩翩起舞，随后越来越多人加入其中，舞曲也由hip-hop变换到了交谊舞和迪斯科。越来越多人被这突如其来的集体舞蹈所吸引，惊讶、好奇、不解，人群渐渐围拢聚集，有拿手机录制的，有带着好奇和同伴议论的，也有快乐的行人跟着音乐随性跳起来的。很快，整个大厅变成了一个巨大舞场，场面热烈欢乐，非常壮观。

整个过程持续了将近3分钟，就在群体达到最嗨的瞬间，音乐突然停止，人群四散而去，大厅转眼恢复正常。留下兴奋的路人一脸懵圈：这个短暂的舞会究竟是什么目的？谁在组织？

“地铁快闪舞”在YouTube上一周内被观看了1500多万次，在其所有娱乐类视频中流量排名12，在网站ViralVideochart.com（病毒视频排行榜）中，这个3分钟视频成为当年观看人数最多的一个。同时，还有数十家全国性、地方和区域性报纸、电视台对这一事件进行了报道。此外，这个营销活动还当选了2009年英国最佳电视广告大奖。

当然，“地铁快闪舞”的传播效果最终也为T-Mobile带来了显著的经济效益，2009年，T-Mobile的销售额同比增长了52%，网络订单提高了20%。与同类对手相比，获得了极大的竞争优势。

【营销亮点】

快闪是近些年在国际上流行的一种嬉皮行为，可视为一种短暂的行为艺术。许多基本互不相识的人通过网络或其他方式约定，在指定地点，指定时间，出人意料地同时做一系列指定的歌舞或其他行为，然后迅速离开。快闪族是都市时尚文化中的一种，是现代人在忙碌之余和世界开的一个善意的玩笑。很多年轻人表示，如果活动设计合理，自己将会主动参加。

快闪在年轻群体看来，是一件很酷的事情，所以T-Mobile精心策划过很多“快闪”行动。每一次快闪都精心准备，比如事先把近400名的专业舞蹈演员“埋伏”在大厅，让他们佩戴耳机在音乐指挥下舞蹈。同时，还在大厅周围隐藏了10架摄像机，记录下现场情景，尤其是现场观众的反应。随后，将摄像机捕捉到的镜头编辑成3分钟的影视广告片，并在一天半后的著名真人秀节目《名人老大哥》的广告时间段播出。

T-Mobile在YouTube上开设“人生即分享”频道，除3分钟快闪视频外，还有很多内容，如排练片段、观众反应的精彩瞬间等，同时还邀请注册会员制作自己的舞蹈视频与大家分享。在T-Mobile的诱导分享下，关于快闪视频的言论通过电子邮件、博客、社交网络等疯狂传播。

【痛点解析】

该案例的爆品驱动因素：猎奇——有趣。

一个再也普通不过的日子，正在车站等车的你，突然就陷入了一场公众的集体群舞中，惊奇、疑惑，同时又很快被快乐的氛围所感染，不自觉地跟着跳起来，然后转眼人群散去，一切恢复如常。这无论是对亲临其中的个人，还是对看客来说，都太有趣了。就算最后真相大白，是一场商业的营销行为，那又如何呢？至少它激起了我的好奇心和兴趣，并且让我感受到了一丝丝的快乐。当然，我也一定要把这份快乐分享给别人。

T-Mobile系列视频为大众带来了快乐，尤其是那些生活乏味、枯燥的上班族。日复一日的单调生活使他们内心渴望通过有趣、快乐的瞬间来充当生活的调节剂。T-Mobile利用舞蹈这种屡试不爽的娱乐元素，再加上“快闪”的突发性、神秘性和瞬间性，促成了营销活动的每一次成功。

T-Mobile系列视频的传播时机，正是人们最需要快乐和惊喜的时候。尤其是2009年，正赶上全球金融危机，经济萧条，人心惶惶，经济恶化的阴影像被施了魔咒，始终笼罩在人们的头顶。T-Mobile别开生面的快闪视频和“人生即为分享”的主张，就显得特别走心了。

陈／轩／点／评

T-Mobile快闪广告的高明之处在于充分调动民众参与到广告中，这么做好处很明显：

首先，每次快闪400余人的场面，很有轰动效应，能足够引起大众关注，成为现象级活动，可以成就质感的病毒种子。事件本身必须足够大以至于能引起公众、电视媒体、报纸媒体、广播、博客、论坛的反应，才能吸引他们主动报道。

其次，参与其中的400余人也充当了后期传播的病毒源，任何爆品营销最开始都是靠熟人去影响熟人的。参与者成为最早一批分享者，是他们引爆了电子邮件、博客、社交网络的疯狂传播。

最重要的是，确保了广告的互动性。互动营销的精髓就在“互动”二字上，但“互动”不是一种矫情的沟通技巧，而是一种全新的传播理念。在T-Mobile的系列快闪视频中，我们可以看到，它在践行一种后现代广告精神：广告没有受众，只有参与者。把广告变为民众生活的一部分，才能真正深入人心。

Three UK：
一天之内YouTube点击率破100万

【案例简述】

Three电信公司是英国第四大移动运营商，也是发展最快的移动网络。针对智能手机用户，Three公司推出了想用多少就用多少的自助式数据套餐，吸引了不少客户。

2013年，Three公司推出了一支“Dance Pony Dance”（小马舞）的营销视频。视频以一匹活蹦乱跳的小矮种马用太空步跳舞为主线，宣传Three公司品牌。此视频是由广告商威登创作，影片一经发布，一天之内就获得YouTube上超过百万的点击量。

影片开始，宽阔的海岸边，几匹马驹在悠闲地吃草，一匹小马驹独自待在一处（乡村情景）。音乐渐起，这匹矮种马欢快起舞。四只马蹄踩着节拍，摇头晃脑，跳着舞，萌感十足。音乐步入高潮，小马变换着舞步，切换为迈克尔杰克逊的太空步。小种马沿着海岸线跳着舞，配着欢乐轻松的音乐，从午后到傍晚，到日暮，渲染出一种勇敢和欢乐的氛围。这支短片一度引发了英国的舞蹈热潮。

【营销亮点】

Three电信公司习惯性采用萌宠形象进行品牌宣传推广，从小马驹，到后来发布的小女孩与萌猫《Sing It Kitty》，唱摇滚的猫和跳太空步的马，都是利用反差萌，激发观众的传播欲，达到爆品传播的效果。

现在越来越多的年轻人喜欢养宠物，有些年轻人爱自己的宠物甚至胜过爱自己。除了因为小动物长得萌之外，年轻人养宠物还有精神慰藉和寻求陪伴的深层心理需求。现代社会，人与人之间越来越没安全感，很多年轻人会把感情寄托在小动物身上，至少这些可爱的小动物不会伤害自己。另外，人类普遍有被需要的心理诉求，在照顾小动物的过程中会很有成就感。

【痛点解析】

该案例的爆品驱动因素：猎奇——搞笑。

奇特是吸引注意力的关键所在，人类大脑偏爱能带来乐趣的事物，小矮种马跳舞，很新奇的宠物秀，之前广告涉及到的大多是猴子、狗狗、海豚等动物表演，小马跳舞比较新奇。

Dance Pony Dance中，可爱的小矮种马配合音乐的起舞，深深吸引着爱宠人员、舞蹈爱好者、杰克逊迷、青少年及其所在的社群。

陈／轩／点／评

这则营销视频运用的“Beast法则”。Three电信公司抓住了年轻人喜欢在萌宠身上寻求精神寄托的心理，在萌宠广告这条路上越走越远。事实上，喜欢萌宠快要胜过人类，全世界的年轻人都有这种趋向，中国的年轻人也不例外。在快手和抖音等视频平台，萌宠视频的点击率一般都不会太差。

《1984》：拯救了苹果公司的伟大广告

【案例简述】

1984年的“超级碗”上播放了一则60秒广告片，即后来被称为拯救了苹果公司的最伟大的广告片《1984》。

广告内容大体是这样：在一个电影院里，200名群众无精打采地盯着一块巨大的屏幕，一位“老大哥”级人物正在宣讲，此时一个身穿白色T恤、红短裤的女运动员冲进片场，用铁锤砸碎大银幕上那个象征着精神控制者的“老大哥”。她干净利落地打破了“老大哥”的统治，代表着自由、创意以及变革，拥有图形界面的她与思想陈旧、一成不变的IBM形成了鲜明的对比。迎接了未来的新生，预示着苹果Macintosh（苹果机）的问世。低沉的男声在此时缓缓道来：“1月24日，苹果电脑公司将会发布电脑Macintosh。而你也将明白，为什么1984不会成为‘1984’。”

广告片《1984》在1984年1月22日美国超级杯橄榄球大赛的电视转播中播出了一次，却被美国的三大电视网和将近50个地方电视台多次重放，上百家报刊杂志各种评论广告片《1984》的现象和影响，这些都为苹果公司和Macintosh做了免费广告。Macintosh的出现引发了一场个人计算机世界的革命，也让苹果电脑的销售额扭亏为盈。

《1984》充满乔布斯色彩，据说正是他一手策划的。当时他就说道：

“我们之所以身在此处，就是要给世界留下一个印记。我们要像艺术家和诗人那样创造一种全新的理念。”后来，有人解读说，“《1984》解释了苹果公司的哲学和目标，那就是平民百姓——而非政府和大公司——才拥有掌管科技的权利。”

【营销亮点】

这是巧妙借势的经典示范。

1984年的苹果系列电脑正在走下坡路，而1981年问世的IBM电脑正值旺市，销售量不断攀升，并以其倍受企业信赖的品牌推动PC市场迅速成长。苹果全力推出的Macintosh，是世界上第一台采用图形用户界面的个人电脑，与当时采用DOS命令采用纯文本用户界面的IBM电脑形成了鲜明的对照。一句话，Macintosh在当时具有不折不扣的革命性。而最象征革命性的是什么？就是英国著名政治讽刺作家乔治·欧威尔的作品《1984》。

《1984》小说中的主人公温斯顿·史密斯生活在一个叫欧什尼亚的极权专制国家，他的世界被“党”和它的领导人“大哥”所控制。欧什尼亚处处有“大哥”的头像海报，上面还有文字“大哥在注视着你”。“党”和“大哥”在生活中无处不在：定量食物、分发衣服、约束人的思想和行为。温斯顿由于和自由派女子朱丽娅相爱而被双双拘捕，送去劳改。在饱受饥饿、折磨、毒打和“教育”后，他终于向“党”低头，背叛了朱丽娅的爱，说出了“我爱大哥”。《1984》给人一种压抑的、毫无希望的结局。

苹果公司借用1984的场景，影射当时IBM对计算机行业的封闭统治，而随后出现的砸碎屏幕的健美女性则是代表先进生产力的苹果Macintosh电脑，所谓精神控制者的“老大哥”，就是指当时在PC界如日中天的IBM。这则广告在向全世界发出挑战当时IT界老大哥IBM的信号。苹果公司在广告结尾明确说道：“Macintosh不允许乔治·欧威尔笔下的‘1984’走进现实。”

【痛点解析】

该案例的爆品驱动因素：猎奇——有趣。

当年负责制作苹果广告《1984》的创意导演李·克劳回忆说：“《1984》表达了苹果的理念和目标：让人民而非政府或大公司掌握操纵技术，让计算机变得普通人可及而非控制人的生活。”这个寓意深刻的广告反映的思想内容正好能够充分表现出1984年时电脑世界的格局和苹果的心态，让观众在获得视觉效果冲击的同时也了解了IT世界的现时状况，可谓是一举两得。

陈／轩／点／评

人类摆脱束缚的欲望根深蒂固，所以对于革新性事物充满期待。广告《1984》“玩弄”了当时极为敏感的意识形态，苹果公司切切实实给大家带来了革命性科技产品，所以这条广告能成为神作一点儿不难理解。

TNT"Push to add Drama"：24小时获得千万+点击率

【案例简述】

美国TNT电视台为了给在比利时新设的电视频道做宣传推广，请欧洲大师级的广告策划团队导演了一场街头游击营销——Push to add Drama（按下就有好戏看）。

视频开头，是平静的比利时小镇街头，突然出现一个来路不明的红色按钮，旁边悬挂在半空的箭头写着"push to add drama"，引得路人好奇不已，人越聚越多，终于有人忍不住按下了按钮。接着戏剧性的一幕上演了：警报声想起，一辆救护车疾驰而来，忙乱之中的救护人员将担架上的病人扔在了地上。他们急忙打开救护车门，却撞飞了骑车路过的人，引得路人与救护人员一阵互殴。

就在此时，穿着性感的辣妹骑着摩托车酷炫路过，紧接着又来了一辆黑色汽车，停在路中央，车上的几名黑衣人与随后而来的警察展开一场激烈的枪战。整个现场一片混乱。按下按钮的人和街上的路人，被这突如其来的场面吓呆了，还没反应过来时，刚才所有制造混乱的人又都离开了，一条写着"Your daily dose of drama（你每天的戏剧选择）。TNT，we know drama（我们更懂戏剧）！"的条幅在墙面上展开，人们才大笑地醒悟过来，原来这是TNT的街头广告啊！

被全程拍下的视频一经上传到网络，立即获得了热烈反响，24小时点击率超越1千万。该广告相继入选各大媒体2012年全球最佳营销视频评选，更获得当年的戛纳广告节促销类金奖。

因为太受欢迎，TNT电视台一年后“故伎”重演，在荷兰又玩了一场游击营销。剧情有所加码：在一个冬日阴冷的街头，同样的场景，一位男士按下键后，一名身穿黑衣的杀手从天而降，催问这位倒霉的家伙是选择蓝色包裹还是黄色包裹。仓促间，这位男士说出黄色包裹后，穿着黄色衣服的路人就被击毙了。这位男士惊魂未定之际，就被绑架了，汽车疾驰到一座废弃建筑物前，当他心中有“十万个为什么”时，身边又响起爆炸声。警察迅速将他解救了。

这种充满恶搞意味的情节设计，很契合TNT电视台的品牌主张：“你每天的戏剧选择！”

【营销亮点】

TNT将戏剧里可能发生的场景搬到了人们的现实生活当中：抢救、枪战、互殴……这些疯狂的“警匪片元素”突然闯入了宁静的街道和平淡的生活，自然会吸引人们驻足观望。生活太平凡，我们都需要刺激好玩的事物来平衡。TNT通过让观众直接融入其中，和他们产生互动，令其对品牌产生独一无二的深刻印象。

电影也好，电视剧也好，小说也好，让人记住的最好方式就是充满猛料的创意展现。对于那些主打文化概念、高附加值的产品而言，在前期的宣传中，让人过目不忘的方式也是这种创意展示。

【痛点解析】

该案例的爆品驱动因素：猎奇——刺激。

这场“Push to add Drama”的广场营销，靠的无疑是观众的猎奇心理。毕竟，如果不能着实调起观众的好奇心，那这种现场演绎就毫无意义。

创造意外，是爆品视频的杀手锏。它总是倏忽而来，倏忽而去，引起人们的惊奇，却又在人们尚未弄明白之前戛然而止，让人们感觉意犹未尽。TNT上演的这两幕街头剧，做到了这一点。将电视里的情境搬到了城市广场，这种现场震撼感纵使3D视频也无法做到。

而人们在震惊面前的自然反应，一般的演员是很难演出来的。因为太真实，所以被偷拍出来，效果就更惊人。现场路人看到的是劲爆场景，而躲在网络背后的人看到的则是这些路人好玩的复杂表情。

陈／轩／点／评

文化性消费品传播需要猛料。电视台如同其他文化性消费品一样，不属于刚需性消费品，而且它无法提前让人们品尝和体验，所以要想让消费者直接感知，只有给他们更猛烈的感官刺激。TNT将戏剧元素植入生活场景，让消费者在毫无防备之时卷入戏剧冲突，进而获得对品牌的认知：TNT更懂戏剧。

难受，想哭：“蓝瘦，香菇”到底是怎么火起来的

【案例简述】

2016年10月，广西南宁市某电动车专卖店的一名导购员韦勇在互联网上传了一段“蓝瘦，香菇”视频，因为发音实在太可爱了，迅速火遍朋友圈，被广大网友做成各种表情包聊天调侃。2016年12月14日，“蓝瘦，香菇”入选语言文字规范类刊物《咬文嚼字》杂志社评选的“2016年十大流行语”。韦勇本人也因“蓝瘦，香菇”而成为一名火遍大江南北的网红。

据韦勇本人透露，当时他和女友因为吵架，自己心情郁闷录制了一段视频：“蓝瘦，香菇，本来今颠高高兴兴，泥为什莫要说这种话？蓝瘦，香菇在这里。第一翅为一个女孩屎这么香菇，蓝瘦。泥为什莫要说射种话，丢我一个人在这里。”（用普通话说：“难受，想哭，本来今天高高兴兴，你为什么要说这种话？难受，想哭在这里。第一次为一个女孩子这么想哭，难受。你为什么要说这种话，丢我一个人在这里。”）

2016年10月13日下午，韦勇本人首次开通微博直播，场面火爆，吸引了一千多万网友观看。随后很多广告公司找他代言，韦勇坦言自己不会接这些代言，只想安安静静、本本分分过日子。2017年1月18日晚，“蓝瘦，香菇”哥结婚，与失恋视频中的女友终成眷属。

【营销亮点】

任何热点都不可能凭空而火。那么，“蓝瘦，香菇”到底是怎么火起来的呢？是各社交化平台推波助澜的结果。

1. QQ空间引发百度贴吧讨论

韦勇拍的“蓝瘦，香菇”的视频最早是在QQ空间引发关注，随后被人转发在百度贴吧后引起小群体讨论。

2. 大号转发引起更大关注

10月8日，秒拍网红“@当时我就震惊了”（秒拍主页显示有2679万粉丝）发布了该视频，获29003赞，随后转发至微博“@当时我就震惊了”（微博主页显示有2611万粉丝），在微博上获得1万转发、2万评论、1万赞。“@当时我就震惊了”的转发让“蓝瘦，香菇”视频进入更为开放、传播力更强的平台。

3. 网民调侃作品促成热点

10月9日，微博大号转发后，网友开始“山寨”出海量以秒拍视频、小咖秀为主要形式的“蓝瘦，香菇”视频，同时更逗趣的“蓝瘦，香菇”表情包和其他方言演绎等版本开始出现，“蓝瘦，香菇”得以成为热点。

4. 明星加入转发大军引爆话题

10月10日，男明星林更新凌晨发微博称“深夜香菇”，引发5445讨论、1004转发、7万点赞；女明星颖儿发微博“前两天突然急性肠胃炎进了医院，蓝瘦，香菇”，引发3938讨论、3347转发、1万点赞。两位明星的加入使得“蓝瘦，香菇”作为流行语进一步被扩散，媒体很快开始报道“蓝瘦，香菇”的来龙去脉。

5. 朋友圈转发达到传播巅峰

10月11日起，“蓝瘦，香菇”开始在微信朋友圈刷屏。三只松鼠、维达、纯生啤酒、喜士多便利店、海尔洗衣机、必胜客等众多品牌借势“蓝瘦，香菇”发文，使“蓝瘦，香菇”的网络传播达到高潮。

【痛点解析】

该案例的爆品驱动因素：猎奇——炫耀。

“蓝瘦，香菇”视频本身太具喜感了，加上各种逗趣的演绎版本以及表情包等，满足了网友在激烈竞争和背负生活压力之余找乐子的心理需求。当大家在朋友圈看到“蓝瘦，香菇”，大多一头雾水，在好奇心的驱使下观看原视频，发现不觉得“蓝瘦”，反而很欢快，就会自动传播。

陈／轩／点／评

“蓝瘦，香菇”能火起来的深层原因在于：普通话标准的人，在“蓝瘦，香菇”小伙那里找到了自信和压力发泄的窗口。“蓝瘦，香菇”会成为一种网络热词，很多人会将使用和传播“蓝瘦，香菇”视作一种自我时尚的彰显方式，背后有一种潜在的优越感。

激烈竞争和背负生活压力的网民，在这位“蓝瘦，香菇”小伙身上找到了宣泄口。这是“蓝瘦，香菇”得以走红的深层原因。

墨西哥卷饼：
用一支小小动画片化解危机

【案例简述】

继麦当劳、百胜等老牌快餐公司在美国地位急转直下之后，Chipotle Mexican Grill（墨西哥卷饼）异军突起，成为美国快餐界一哥。

Chipotle本来是墨西哥语里小辣椒的意思，主要产品为墨西哥式的食品，食材多是新鲜的牛肉、鸡肉、猪肉、各种蔬菜、各种豆类、米饭等。它一度红到了美国，成为永远都要排队才能买到的好滋味。Chipotle一直在走“快捷休闲餐厅”的路线，麦当劳一度把它放在头号竞争对手之列。

有趣的是，明明是快餐食品，Chipotle却坚持声称自己提升的是健康。为了与麦当劳、百胜等垃圾食品划清界限，Chipotle一直以“良心食品”为口号，声称从食材采购到下厨烹煮，在每个环节都非常重视顾客的健康。

然而，2013年，麦当劳和肯德基在美国本土遭遇严重的“中年危机”。其食材被媒体揭露使用激素、转基因食材，引起社会恐慌。该年5月，一名9岁女孩甚至公开要求麦当劳首席执行官唐·汤普森停止“欺骗儿童购买你家食品”，引发社会强烈回应。作为快餐阵营的一员，Chipotle跟着躺枪。于是Chipotle打造了这款风靡全球的、制作精良的《疯狂稻草人》（Chipotle Scarecrow）视频和游戏。

动画短片《疯狂稻草人》（Chipotle Scarecrow）和同名移动游戏是

Chipotle和一家曾荣获奥斯卡奖的设计工作室合作研发的。

Chipotle这么做意在引起人们对于食品安全的关注，动画和游戏中专门设置了涉及动物肉类加工、人工添加荷尔蒙、有毒杀虫剂等方面的场景。当然，Chipotle也不忘在动画和游戏中小小攻击了一下麦当劳和肯德基，通过它们的不健康带出Chipotle对健康食品理想国的向往。

动画片《疯狂稻草人》虚构了一个未来世界：人类环境已经被破坏，食品行业被一家名为“乌鸦食品公司”的企业所垄断，稻草人不再守卫农田，而成为这家垄断寡头工厂里生产劣质食物的奴仆。但一个可爱、善良的稻草人厌恶了当帮凶的生活，从这家残酷的黑食品工厂里逃回家，当他意外找到一个红辣椒后，一切都发生了变化：世界的颜色变得鲜亮，音乐也随之响起，稻草人重新找回了自己的生活。他种植新鲜蔬菜，到处旅行，还开了一家玉米煎饼店。《疯狂稻草人》同名iOS游戏也很有趣，玩家需要开垦草地，重新种植休耕的稻草人农场，以此来获得游戏经验值，然后和虚拟乌鸦食品公司对抗。

该部动画短片在2013年9月推出，登陆YouTube不到两周就获得了650万浏览量，后来很快突破千万次。据报道，同名游戏在苹果App Store上架仅6周，下载量就突破了50万。《疯狂稻草人》帮助Chipotle达到了目的，引起美国人对食品安全的关注，在品牌危机中努力与麦当劳和肯德基划清了界限。

【营销亮点】

摩根斯坦利投资公司2014年发布的报告显示，在过去5年里，美国表现最好的5家休闲连锁餐厅分别是：星巴克、Chipotle（墨西哥风味的美国快餐）、Domino’s（达美乐披萨品牌）、Panera Bread（时间的面包，全美最大的面包连锁）、Buffalo Wild Wings（布法罗鸡翅烧烤吧，美国休闲餐厅）。这些餐饮企业之所以表现出色，最主要的原因是他们抓住了正在进入消费能力顶峰期的80后。

与其他快餐连锁企业相比，Chipotle似乎更胜一筹，更明白品牌的力量，并懂得如何提升品牌影响力。

作为快餐品牌，Chipotle一开始就高调贩卖理想主义。Chipotle很长一段时间里在全国1400家门店推行绿色食品，他们正在建立一种独特的生活方式，呼吁消费者秉持可持续发展的消费理念。《疯狂稻草人》就是他们“良心品质”和食品理想国的一个宣传武器。

在营销理念上，Chipotle从来不投入大量的金钱在传统媒体上投放广告，而是用更多的精力利用消费者的口碑传播来达到广告的效果。

【痛点解析】

该案例的爆品驱动因素：猎奇——宣泄。

《疯狂稻草人》本质上是一款非常卡通、游戏画面超赞的过关游戏，故事情节也非常吸引人：强大的工业食品公司接管你的城市，你需要帮助稻草人从乌鸦的口中夺回被抢走的食物，然后带给羸弱的居民。超过四个的世界地图等待你去探索，这非常吸引玩家去探险。同时，在游戏过程中，玩家都在与现实中麦当劳和肯德基被爆出来的激素、转基因食品作战，能够起到一种情绪宣泄的作用。

陈／轩／点／评

爆品正在替代传统的危机公关术。各种背书、发通稿的公关做法，在这个时代越来越难以奏效了。年轻人对于企业自圆其说、自导自演的自嗨越来越反感。《疯狂稻草人》给我们的启发是：要学会让消费者“笑纳”你的致歉或“甩锅”。

Poo-Pourri“女神不大便”：优雅地推广羞羞的产品

【案例简述】

Poo-Pourri（便变香）是美国一家除臭剂品牌，为了宣传厕所芳香剂新品，Poo-Pourri做了一个极具病毒传播效果的视频。

厕所产品，并不“好聊”。一般的厕所芳香剂，在做广告的时候，请个明星，然后在视频一角淡淡露出产品完事。毕竟，大话厕所味道，会倒观众的胃口。可“含蓄”的方式，传播效果一般不怎么好，对产品销量帮助并不大。

为了打破尴尬，Poo-Pourri打造了一款“女神不大便”的幽默视频。视频意外获得了“沁人心脾”的成功，自2013年9月推出后，许多媒体和网站纷纷转载，包括《赫芬顿邮报》和Jezebel网站。此外，这个视频还吸引了美国著名节目主持人瑞安·西克莱斯特和美国达人秀评委霍华德·斯特恩的关注。

这个视频推出后仅一周内就获得了600万的浏览量，转发量也超过27.8万次，这意味着每22个观看该视频的人中，就有一个人会在自己的社交媒体圈里转发分享。不仅如此，得益于这个视频的Poo-Pourri脸书官方主页粉丝数量也增长了354%。

【营销亮点】

用幽默的方式戳中“尴尬”痛处。

在视频一开始，Poo-Pourri就打造了上厕所的真实环境。伴随着冲马桶的水声，厕所门被拉开，一位身穿海蓝色洋装、带珍珠项链、盘着头发的英国女演员，优雅地坐在马桶上开心地说道："你绝对不相信，我刚才拉了一个好大的便便。"

优雅的淑女，一张口说出反差很大的话，立即就抓住了观众的眼球。

接着，影片中相继出现了办公室、派对、男朋友家的客厅等场景，不管场景如何变化，这位女士都是坐在马桶上，不断吐槽大家在"方便"之时遇到的窘境，比如冲不下便便、把厕所弄得臭气熏天的经历。为了避免出现这种尴尬的场景，她拿起一个上面画着骷髅头的喷雾剂四处喷洒，引起周围的人呛声不断。

这时候，优雅的淑女巧妙地引出了话题："在办公室、派对、男朋友的公寓，我们都可能会便便，但便便后使用喷雾剂除臭，喷雾剂的强烈气味也可能让别人想掩鼻。"

于是广告正式来了。在介绍产品的同时，视频中以一幅幅小动画的形式来展示产品的功能，广告的描述页面十分可爱，画面也十分清新。

当然，在宣传完产品的功效之后，女主角就开始用数据说话了："我们都卖了四后面六个零瓶。"还搬出了在网上的评分："仅仅是骂声不断的互联网平台，给我们4.8分的用户就超过1000个了，甚至超过了苹果手机的评价。"

不仅如此，Poo-Pourri还承诺，如果这款产品也无法挽救恶臭蔓延，那么他们将全额退款。当视频快结束的时候，女主角又喊出了口号："我们的宗旨是，把您的'屎儿'当成我们的'事儿'，让一切止于开始。"说完这句话，女主角终于从马桶上站了起来。

无论视频内容的创意、红唇美女、解说台词还是产品展示，一切都活泼幽默，让观众看完也无不适感。

【痛点解析】

该案例的爆品驱动因素：猎奇——学习。

女神如何上厕所，这个创意本身就能引发人的好奇心理，而香艳美女“如何把你的便便变香”的提问更加吊人胃口。在细节设置上，短片中不断创造反差：美女VS大便、优雅VS夸张、专业VS搞笑，这些因素创造了娱乐感，让观众乐于分享。

同时，通过这个片子，观众确实学到一些除臭的专业知识。就算不买这个产品，也学到了另一种除臭的方式。以往的除臭剂，不论置放或是喷雾型，多是被动式的除臭，属于事后处理型，而一般女士惯用的招数：用香味掩盖臭味，这种错误的方式只会让味道变得更诡异。而Poo-Pourri普及的理念是防患于未然先发制人，正确的芳香如厕步骤：

1. 上厕所前，先喷在马桶的水面上，它会形成一层“油膜保护层”；

2. 开始排便，这层油膜会包覆臭味，释放芳香气味，让你仿佛置身在美丽花园。

陈／轩／点／评

不仅厨卫产品，几乎所有新产品在宣传推广的时候，都面临“怎么想都找不到一个突破点”的难题，这就是创意的重要性所在。Poo-Pourri的成功，说到底还是运用了Beauty法则，借助人类对于“美”的关注，找到了突破方向。

百雀羚的神广告：走红到被告

【案例简述】

2017年5月，百雀羚凭借一组一镜到底的广告——《一九三一》，刷遍朋友圈。一名1931年的老上海的摩登女郎，看似在街头漫步，实则是在完成一项谋杀任务，美女完成枪杀后表示“我的任务就是与时间作对”，同时引出预热母亲节的主题：和妈妈一起对抗时间。

面对百雀羚最后神转折植入广告，网友惊呼“简直脑洞大开”，“老奶奶不扶，就服百雀羚”！5月11日，百雀羚在2017上半年的微信热搜指数达到了最高峰值。这则广告长图长度达427厘米，用时6分钟，但很多人还是把它看完了。

5月7日该条广告一经推出就被多方转载，不仅制作团队的公众号短时间内阅读量实现10万+，一些业内公号二次转载后，阅读量也纷纷实现10万+。一个叫“4A广告门”的公号5月8日转载后，除了阅读量10万+以外，获得点赞5.3万余条，置顶留言的点赞数达到2.1万。据大数据统计，截至5月15日，百雀羚广告在微信平台的总阅读量已经达到了3000万。“百雀羚广告”相关各类微信文章有2481篇，相关新闻531篇，为百雀羚带来了极大的曝光度。还有微博、论坛、贴吧等其他平台，相关报道加起来有近千篇，曝光达亿次级。

5月9日、10日，腾讯网、新浪网、凤凰网、搜狐网、央广网等权威门户网发布相关新闻，将百雀羚这支一镜到底的广告奉为神级广告，不吝赞美之词。梅花网、虎嗅网、百度百家等热门自媒体则从这则广告的营销价值聊到百雀羚这几年的品牌战役，从广告制作幕后团队聊到新媒体广告的未来，不仅让百雀羚火了一把，广告的幕后制作团队“局部气候”也因此一炮而红。

5月11日，舆论开始分化，部分网友和对媒体过度夸赞这支广告表示看不惯，觉得只是有点创意而已，一镜到底的形式早就有了，与时间作对这个主题也不是很能打动人心。于是一篇题为《哭了！百雀羚3000万+阅读转化不到0.00008》开始在公关、新媒体和营销圈传播，并在几个小时后达到10万+，这篇爆文从反方向再次推了一把广告。

【营销亮点】

这组广告的经典之处在于，品牌主张植入得“一气呵成”。

幕后操刀团队——“局部气候调查组”，从2016年成立，由四个人发起，包括两个设计师、一个艺术家和一个科研工作者。“局部气候调查组”的特长就是制作长图。移动互联网使得现代人的阅读习惯越来越碎片化，而“局部气候”的长图作品，阅读量很多都在10万+以上。

百雀羚提出“与时间作对”的主题需求，“局部气候调查组”对文案创意负责。在接到客户需求后，“局部气候调查组”综合考量了客户的品牌定位及自己的产品风格，找到双方的契合点，做出了方案。

百雀羚是国民大品牌之一，历史悠久，于是他们想到了民国的感觉，普及的知识点就是民国时代的衣食住行等，通过街道的变化来缓缓展现。最后，用杀手女特工角色串联整个故事，推动读者读下去。

【痛点解析】

该案例的爆品驱动因素：猎奇——有趣。

走心画面（经典的民国风）+悬疑故事（谍战片），让人过目不忘，大呼过瘾。

陈／轩／点／评

一镜到底的画面风格，成功让这个百年老品牌走上年轻化之路。百雀羚顺应了新的社交媒体传播趋势，用直播、短视频等多种形式，通过更加年轻化的方式去传递其品牌的核心内容，使百雀羚产品更加符合年轻消费者的喜好。

脸萌、围住神经猫："游戏太脑残，但是根本停不下来"

【案例简述】

2014年的时候，H5游戏突然在朋友圈火了起来。你方唱罢我登场，各种小游戏陆续刮过了几阵旋风。脸萌和围住神经猫就是两个突然爆火而又快速被后来者替代的例子。

从4月份开始，在微博、微信朋友圈和其他社交媒体上，各种打着脸萌标识的卡通形象如病毒般蔓延开来。脸萌是一款简单的卡通制作游戏，通过绘画描述人物的形象、性格和心情，游戏里有多种五官、多种发型、多种背景及道具可以选择，不会画画也可以轻松制作每个人的专属卡通形象。因为操作简单容易，卡通形象又带有鲜明的个人特征，所以很多玩家拼好自己的卡通形象之后，又热衷与给自己的好友拼制卡通形象，在好友之间大肆传播快速蔓延，成为了一款现象级应用产品。该应用上线四个月，就杀入了360手机助手等多个渠道免费榜榜首。从2014年年初IDG（美国国际数据集团）数百万元天使投资时期的20~30万活跃用户、70万下载量，到了6月初，用户数字变成了500万，且平均日新增用户100多万。

脸萌的热度刚刚降下来一点，7月22日，"围住神经猫"上线了。该应用的主画面显著位置写着一句话"自从得了神经病，整个人精神多了"，这句话很快成为很多网友的签名。这款游戏的主角是一只插腰扭屁股的白猫，游戏原理类似于围棋，即考虑如何用最少的圆点把这只神经猫围堵起来。这款游戏再次带火了两个词：脑残、贱萌。“游戏太脑残，但是根本停不下来”，这是很多网友的反馈。网友纷纷围堵神经猫，并将步数晒到朋友圈，一时间朋友圈被“猫”刷屏。7月22日游戏上线，24小时，浏览量达到1024万，3天后，浏览量过亿。最初设计这款游戏，只是为了增加微信公众号泥巴怪的关注度，没想到经谢娜等大V纷纷主动加入并扩散传播之后，该应用在朋友圈被疯狂转发晒图，一发不可收拾，迅速爆红。

【营销亮点】

脸萌和围住神经猫的爆红，最主要得益于手游行业的爆发和H5游戏的迅速扩张。某研究机构给出的数据是，2013年手游规模112亿，2014年为240亿，是手游行业的爆发年。“手机控”一族，造就了手游行业的繁荣。

H5游戏规则简单，时间短、进程快，而且易于被社交网络分享传播，游戏小白都可以轻松入手，降低了介入门槛，让更多消费者可以轻松入局，一旦加入，“完全停不下来”。

脸萌和围住神经猫，正是这一波浪潮的获益典型。不断了解用户需求，用更短的时间、更快的速度实现频繁的更新，让游戏不断切中用户新需求，满足年轻用户的各种情绪宣泄、各种幽默搞笑，和各种相互模仿学习、相互交流“创作”的梦想。正是基于对消费者的研究和消费趋势的把握，有了脸萌的探索，脸萌团队在2016年推出的新应用Faceu（一款专拍“矬照”的图聊软件），仅用了短短4天，便在iOS免费榜单跃居榜首，成了又一款爆红产品。

【痛点解析】

该案例的爆品驱动因素：猎奇——搞笑。

两个游戏都非常简单，尤其是围住神经猫，被很多网友认为是“脑残游戏”。

二者能够抓住用户，从很大程度上来讲，就是因为他们的趣味性和简单易上手。脸萌，让没有漫画基础的大众，能够轻松玩转漫画形象；围住神经猫，简单易上手，可消磨琐碎时间，且容易在朋友圈互动并炫耀。

陈／轩／点／评

其实很多玩家基于从众心理，过一把漫画设计师的瘾，玩一玩朋友圈明星们都在玩的小游戏。尤其最初期的用户群体，大多是年轻的90后、学生群体，他们更喜欢用漫画表情、游戏战绩来建立个人的标签形象，表达个人的情感和状态，脸萌和围住神经猫，给年轻人群找到了一个情绪释放的窗口。脸萌CEO郭列说：“完全没做任何推广的情况下能如此火爆，80%的原因是走了狗屎运，20%的原因在于，原本机智的少年，长期被老板强逼加班。”

老干妈配雪糕：好吃到根本停不下来

【案例简述】

网上有一段话："在遥远而神秘的东方，有一个让你血脉偾张、全身发热、欲罢不能的'女人'，她是中国最著名的'宅男女神'。"这个女神，说的既不是知名女星，也不是四大美人，这是网友对老干妈的评价。一个"万年不变"的包装形象，成就了一个"辣椒酱帝国"，而老干妈陶华碧就是这个金字塔尖上的女皇。一个坚持不上市、不贷款、不融资的民营企业，一个号称只认识4个字的民营企业家，把一瓶辣酱卖到了全世界上百个国家，每天卖出130万瓶。

在日趋激烈的竞争中，它如何寻求突破，如何脑洞大开地与年轻人建立关联呢？在新媒体的发展时代，解决了品牌形象和消费群体日益老龄化的问题。

如同往常一样，网络上关于老干妈的信息主要有两方面：陶华碧本人的新闻，以及如何用老干妈佐餐和做菜。

突然间一个网友的图文帖子异军突起："老干妈配雪糕，好吃到根本停不下来！"配上雪糕沾老干妈图，配文说："不好吃不要钱，吃了这次还想吃下次！"于是，这款奇葩重口味菜式迅速在网络上爆红，被称为全球五大重口味美食之首、"2014年最丧心病狂的吃法"。

随后老干妈快速结合“夏季吃雪糕”这一热点，做了一轮新媒体营销：微博第一波发力，号召网友通过大图+解说的方式发微博“发现老干妈配雪糕新吃法”，展现雪糕配老干妈口味是多么奇特多么好吃多么别具一格；随后，在猫扑等主要论坛首页发帖，并通过各大论坛美食频道、都市类媒体等不断发酵扩散。

面对这款融合了甜、咸、香、辣的奇特“美食”，有网友发出了试吃“报告”：“辣椒油遇到冰很快就凝固，雪糕够冰，所以一点儿都不辣，不难吃，奶油味配一点儿咸香味的辣椒毫无违和感。”当然，更多的评论“报告”说的都是“逆天吃法”“实在太凶残”“冰火两重天”“吃完整个人都不好了”。正是这样点赞与吐槽齐飞的评论，让话题快速成了微博热门，也让众多80、90后的年轻人重新认识了老干妈，让这个数十年不变的熟悉面孔，和时尚、年轻终于搭上了边。

【营销亮点】

“老干妈配雪糕”率先通过有消费影响力的娱乐及美食意见领袖们发起#老干妈配雪糕#话题，这些活跃在微博、贴吧上的意见领袖，对广大粉丝有着不容忽视的影响和带动作用。

“近期网友吃雪糕蘸老干妈风靡网络，亲们，你有没有试一试呀”，一句话迅速唤起年轻人的好奇，微博上的粉丝参与度直线上升，众多年轻人纷纷猎奇尝试。

在彼时，论坛发帖还是企业新媒体传播的主要方式之一。尤其是论坛首页的传播，有数据统计，首页信息比二级页面信息的阅读率高500%。话题发起之后，老干妈营销团队快速在猫扑等主要论坛首页发帖，并在各大论坛美食频道、都市类媒体扩散，最后，在活动进行过程中，再次动用美食达人、娱乐大号对网友晒出的内容参与点评，进行二次传播。消费者在各种此起彼伏的波澜中，迅速被吸引并记住了老干妈，此品牌首次年轻化成功。

【痛点解析】

该案例的爆品驱动因素：猎奇——搞笑。

“老干妈配雪糕”，将平时大家觉得八竿子打不着的两个物品组合到一起，立刻吸引了广大网民的关注。这是已经远离了年轻人群主消费场的老干妈，为了迎合年轻人群的喜好而展开的一场有较强参与感的网络互动。

雪糕和老干妈这两种物品在属性和口味上的巨大反差，极容易激起消费者的猎奇和尝试欲望。加上老干妈的微博在活动开始后推出的一大拨“表情集锦”——网友吃雪糕蘸老干妈的表情大图：有笑的，有哭的，还有超囧的诡异画面，吸引消费者快速主动地加入其中玩起来。在这条奇葩混搭的道路上，脑洞大开的网友们异常热情，在很长一段时间里，发明了各种各样的拉风美食：老干妈拌西瓜，荔枝蘸酱油，榴莲拌饭……火了老干妈，也火了各种“黑暗料理”。

陈／轩／点／评

营销的目的，说到底是占据消费者心智，与消费者建立起某种关联，从而谋求销售市场。消费者一旦认可并接受了品牌思维，必然会影响他们的消费喜好和决策。以往靠电视广告给消费者洗脑，现在靠有趣好玩的活动就可以实现了。

微信发红包看照片：活动越限时越火

【案例简述】

2016年1月26日，微信悄然上线红包照片功能。当天下午5点，很多人下班打开朋友圈，一度怀疑自己得了白内障：天没起霾，朋友圈起霾了？

微信开发的发红包看照片功能，让网友娱乐到酸爽：用户只需在朋友圈发照片时选择模糊照片，好友要看照片就得发红包了。

将秀照片和发红包有效结合起来，病毒传播力倍增。该功能上线的当晚，朋友圈瞬间就被刷屏了。大部分爱护形象的人，上传了自己最美的照片；而一些喜欢恶搞的人，则趁机上演了“办公室制服诱惑之童叟无欺”“刚起床的素颜照片大曝光”“往事不堪回首！”等“惊艳”照片，各种神回复留言，也起到了“煽风点火”效应。网友充分打开脑洞，让一个新功能测试演变成一场集体狂欢。

【营销亮点】

活动限时制造了一种紧迫感。

该功能当天下午5点推出，晚上8点之前可用，而且红包照片晚上零点就被系统删除。因为“时间紧迫”，用户只好争分夺秒地自拍、选照片、修照片、酝酿吸引人的话术……

所以这项活动才特别像一次病毒感染，“一下子突然全部被感染了”，就像电脑中“木马病毒”、人体中“埃博拉病毒”一样。短时间内让尽可能多的人被传染，这就是最成功的爆品营销。

【痛点解析】

该案例的爆品驱动因素：炫耀——猎奇。

人性中的偷窥欲望根深蒂固。互联网时代，让能偷窥的地方变得稀少。微信通过欲盖弥彰的模糊图片，激发了人的原始欲望。

对观图者而言，满足了粉丝趁机对心中男神女神的窥探心理；对发图者而言，满足了被偷窥而带来的被关注感和存在感，自我感觉瞬间良好起来。在互动过程中，双方拉近了彼此关系。人只有对在乎的人才会发红包，发红包看照片其实是一种关系的验证与维护。

陈／轩／点／评

微信发红包看照片活动带给我们的一个最大启示就是：在设置病毒种子的时候要考虑它的时效性。当然，这么超短限时的玩法，也只有像微信这样的大企业敢玩：粉丝量雄厚且精准，互动性强。

恶搞世界名画：抖音凭借这支H5赶超快手

【案例简述】

2017年7月，为了让更多人了解到抖音的有趣，抖音聘请Infini Studio（映纷创意）制作了一则“恶搞世界名画”的宣传推广H5。

该H5模拟抖音APP界面，“邀请”梵高、海伦娜·弗尔曼、拿破仑、蒙娜丽莎现场教大家如何用抖音卖萌、耍帅、秀社交。

恶搞世界名画的梗，近年来不断被商家使用。恶搞水准低，适得其反，不增粉反而掉粉；恶搞水准高，就成为艺术，粉丝因此会暴增。

与一般的涂鸦式恶搞世界名画不同的是，抖音让画上的主角们狠狠地抖了起来。刘海被剪坏的蒙娜丽莎，身骑哈士奇的拿破仑，摇头晃脑的梵高，傲娇撩人的海伦娜·弗尔曼……这些名家，活脱脱被“玩坏”了。

【营销亮点】

抖音是继小咖秀后又一迅速走红的短视频APP，它们的目标是赶超快手。抖音用户大多为95后、00后，95后、00后和80后、90后在思维上有质的区别，这和成长环境有很大的关系。80后、90后属于“计划生育”的产物，且生活在互联网方兴未艾的环境中；而95后、00后已是“计划生育”二代，且出生于互联网普及的年代，很多人两岁就开始玩手机了，他们人生中的第一批朋友，很多来自网络陌生人，而不一定是亲戚邻居。

在互联网中长大的95后、00后，对于“有趣”的要求极高，脑洞开得不够大的东西根本吸引不了他们的注意。在他们的认知里，那些不够新奇的东西都是留给“老年人”看的。

在抖音之前他们经常“玩”的互联网应用前十名如下：

1	贴吧
2	暖暖
3	浏览器
4	BILIBILI
5	微博
6	快看漫画
7	我的世界
8	百度
9	作业帮
10	布丁动画

通过他们的这些兴趣爱好，我们可以看出，95后、00后在现实生活中是不太可能关注中外名画的。让原本躺在博物馆的名画，在年轻人面前活了起来，这就是抖音恶搞世界名画H5的厉害之处。

【痛点解析】

该案例的爆品驱动因素：猎奇——有趣。

脑洞大开的搞怪视频、魔性十足的画风、配上节奏感强烈的背景音乐，一看就很对95后、00后的胃口。因为“足够有趣”被95后、00后盖章认定后，才会被他们广泛自发分享。

陈／轩／点／评

创意H5越来越被证实为品牌宣传推广的一个有效途径。传统文化IP经过打开脑洞的创意包装，产生了神奇的病毒传播效果。很多小伙伴都因为这个H5了解了抖音，然后被圈粉。抖音的宣传推广效果达到了。

《深夜，男同事问我睡了吗……》霸屏：有道翻译的有趣H5

【案例简述】

2017年9月15日，一支名为《深夜，男同事问我睡了吗……》的H5霸屏朋友圈。截止到该月19日，页面浏览量已经超过1000万。这支H5主要以视频的形式展现了大龄单身女白领丰富的内心世界。

在男同事问了一句“睡了吗”之后，戏精女同事就开始尽情表演：各种猜测+想入非非，自己写了很多话，又故作矜持地退格删掉；跑到闺密群里各种问，在闺密们的八卦之火熊熊燃烧之际，突然发生神转折，原来这个男同事只是想让她帮忙翻译稿件，结果利用有道翻译官三秒搞定！

整个H5能快速刷屏朋友圈，除了将大龄青年遇到这种情况的心理活动变化表现得深入人心之外，更有可能是女生可以从主角身上找到自己的影子，而男生也能借此窥探到女生的内心。

这种以微信对话聊天界面和键盘输入的方式来呈现的H5视频，熟悉的界面给人以代入感，让人有继续看下去的欲望。同时，聊天形式的H5更能满足用户的“窥私欲”，特别是女同事在编了删，删了又编的过程中，看到了她内心的纠结和挣扎，即使最后出现神转折弹出广告，也不会让观众反感，更多的人会感叹：原来广告还能这么玩。

【营销亮点】

据说，有道翻译的《深夜，男同事问我睡了吗……》H5，从前期创意、脚本、制作到上线，都是由有道市场部从头到尾在内部策划完成的，没花一分钱，如果有的话，那就是内部人力成本了。

从标题上制造出一个暧昧的场景，击中了都市男女心底对于办公室恋情的期待与恐慌，H5在打开率上自然就占得先机。浓浓的八卦氛围成功吸引了年轻人的眼球，情节反转之处巧妙植入品牌广告，这种新奇的营销手段，现在已被越来越多的营销人所模仿。

【痛点解析】

该案例的爆品驱动因素：猎奇——有趣。

当“深夜”“男同事”这样的组合出现，每个字眼都令人浮想联翩，营造的八卦氛围很抓人心。女主的“戏精”行为，又让人忍俊不禁。有很多网友留言表示：好想要里面的表情包！

陈／轩／点／评

马尔科姆·格拉德威认为，在营销中，只有具备令人印象深刻和足够有趣的信息，才具有被转发的潜力。从心理学角度而言，猎奇类病毒内容本身就具有强大的吸引力，同时在转发时能显示幽默感和一起放松娱乐的心态，从而有利于转发者获得社交成就感。

“天才小熊猫”：套路满满的文章总是让人上瘾

【案例简述】

2015年1月，“天才小熊猫”在新浪发表了一篇名为《没事就不要自己做手机壳了》的长微博，转发量迅速达到20万+。

文章的故事情节是这样的：

天才小熊猫去里八神家里做客，拜访结束，从他家出来走到了楼下，听见里八神在三楼喊他，原来小熊猫把手机落在了里八神家。他懒得上三楼去取手机了，于是让里八神把手机套点东西从楼上扔下来。然后八神把手机放在一个黑袋子里，连同另外一个装垃圾的黑袋子一起扔了下来。然而小熊猫一个袋子都没接到，他自己也搞不清楚手机在哪个袋子里。于是乎，手机被摔碎了。里八神要赔小熊猫一个新手机，被小熊猫拒绝了，正好里八神有个闲置的手机，小熊猫就把它拿走用了。可是小熊猫发现，手机除了能打电话和记号码外，没有其他的功能了。于是小熊猫在第二天就买了部新手机。小熊猫又考虑到了一个问题，下次要是去里八神家里又忘了带走手机怎么办？他需要一个摔不碎的手机壳。于是他决定自己做一个手机壳，用的材料让人喷饭——柚子。

做完柚子手机壳，他还改进了下，连照相功能都考虑到了。手机壳使用后，不仅能吸引异性的眼球，还能拿来当挡箭牌敷衍老板。只不过后来他总是对着柚子笑，带着它上厕所，被同事误认为是变态。有一天开会，他怕无聊，就带着手机壳去，结果半途上厕所回来，发现他的手机壳被拆开了，而手机也被发现了，有一位同事还自告奋勇地要认领走手机。于是，他的手机壳没了，他的手机也差点没了，他觉得柚子手机壳也不太靠谱，所以就放弃它了。后来，里八神搬家了，打电话给小熊猫让他去他家聚聚，当小熊猫知道里八神的家在28楼的时候，果断拒绝了。文章以挂完电话结束。

【营销亮点】

脑洞与产品结合的几个借鉴：

1. 不藏着掖着

与其他网红写手的软文将产品植入深藏于文章结尾的做法不同，天才小熊猫的软文最大的特点在于：文章一开始就能见到产品，植入非常显眼。这种“光明正大”打广告的做法，粉丝和厂家都很开心：在品牌商看来，文章中产品曝光越多越好；在粉丝看来，反正都是广告，何必要遮遮掩掩？90后、00后最大的特点就是喜欢直接。

2. 产品变故事道具

天才小熊猫的广告之所以能得到读者的认可，原因就在于他找到了一种很巧妙的解决办法——把产品作为故事的道具，渗透到故事之中。这么一来，反复提及产品也就变得顺理成章了。

3. 有贴近生活的元素

这篇文章的爆点是什么？毫无疑问是柚子！读者带着好奇心戳进来，就是要看他是如何做手机壳的。如果他分享的只是用普通材质做的手机壳教程，就毫无新鲜感。选择柚子作为材质，立刻打开了脑洞。这带给我们的启示是，开脑洞要始于常见事物，才能“平中见奇”。纯粹打开科幻般的脑洞，反而会因为太遥远、过于烧脑而起不到作用。

4. 通过波折情节完成场景化广告

这是一个注重消费体验的时代，现在的产品广告，都在提倡场景化、体验化、具象化。天才小熊猫之所以脑洞开得很大，就是为了给产品植入创造空间。为读者提供超乎寻常的故事体验，只是为了将产品的功能和独特之处“映射”遍。

【痛点解析】

该案例的爆品驱动因素：猎奇——有趣。

天才小熊猫的脑洞奇大无比，他坚持内容为王，擅长将段子巧妙融入创意，有效地保证了文章的趣味性。他的文章具有很强的故事性，情节设计紧张曲折，可读性非常高，且频繁出现广告而不招人反感，这就是厉害之处。

这篇长微博文章实质上是一篇软文，它的广告主是华为公司。而华为这次主推的是华为荣耀6 PLUS。华为荣耀6 PLUS是价格为2000元以下的手机，目标人群显然是年轻群体，年轻人消费能力不如中年人，他们的挑剔能力却一点不逊于中年人。他们热爱时尚，喜欢新鲜事物，但他们不喜欢严肃的事物，讨厌企业一本正经地吹牛讲故事，普遍抱有“你若装逼，我为你生猴子；你若端着，我便无感”的心态。

值得一提的是，这篇长微博的发表时间也别具匠心，2015年1月，也就是春节前夕，这个时间是消费高峰期。年轻人年末都有积蓄，也舍得为自己或者自己的亲人换部手机。广告商选择这个时间点投放微博广告，迎合了市场需求。

陈／轩／点／评

玩脑洞是一个满足猎奇心、引发尖叫的好方向。一些脑洞大开的搞笑文章，更容易吸引关注并自动转发。现在人们对幽默轻松的东西格外关注，为什么？看看“脑洞”一词的来源就知道了：“脑洞”是由脑补衍生出来的词语，指“脑袋破了很大一个洞，需要用超强的想象力来填满”。现代人普遍压力很大，平淡无趣的现实，让人的脑袋普遍“破洞”，迫切需要由别人的想象力来填充。这就是脑洞大开的文章广受欢迎的原因所在。

“六神磊磊读金庸”：靠什么实现小号的逆袭

【案例简述】

2014年11月，一篇名为《猛人杜甫：一个小号的逆袭》的文章刷爆了朋友圈。作者王晓磊凭借这篇文章走入广大读者的视野，其微信公众号——“六神磊磊读金庸”也凭此快速涨粉。他对历史人物的现实化解读，配以诙谐犀利的文风，独树一帜，其后通过一次又一次的爆文爆点刷爆朋友圈。

在这篇《猛人杜甫：一个小号的逆袭》里，大诗人杜甫被定义为“学渣”，相应地，张九龄、王维、王昌龄等被定义为“学霸”。科举考试被比喻为“高考”，杜甫一生的不得意被比喻为“落榜生”的凄惨生活。杜甫的诗坛之路，被比喻为小号变大V的过程。这样的类比，很接地气，非常有阅读快感，很吸引读者读下去。

杜甫和比自己大的李白、比自己小的高适是很好的朋友，这段文学佳话，也被王晓磊从新的视角解读。“高适和李白一样，都拿杜甫当朋友，但从来没注意过杜甫的诗。在他们的眼里，杜甫真的只是个小号。”见解可谓犀利。

“时间一年年过去，热闹的唐诗俱乐部里，一个又一个大V们穿梭往来，其中有王维、岑参、储光羲、孟浩然、李邕……”杜甫生前寂寂无名的悲惨命运，被作者用这样的语言大而化之。

最精彩的是结尾的升华之笔："百年歌自苦，未见有知音。这是他临近去世前留下的诗句。看来友谊是公平的，李白、高适、岑参们，你们从不把我当作天才，所以我也从来没有把你们当作知音。"这句"吐槽"相当震撼人心，引发留言无数。

嬉笑怒骂中不乏犀利，这是《猛人杜甫：一个小号的逆袭》火起来的内因。这篇文章为"六神磊磊读金庸"涨粉无数。很多王晓磊的粉丝不仅喜欢看他的文章，对于他如何做"神植入"也是极度追捧。大家看文章前半段就开始猜测文章最后会出现什么广告，如果猜对了就洋洋自得，猜错了就感慨作者脑洞太大，如果没有出现广告，还会有丝丝失落。

比如《白骆驼之争：金庸是不是真的没文化》，粉丝留言也是绝妙："花露水也是不容易，给去哪儿打广告可以扯白驼山庄，给雕牌洗衣粉打广告可以扯杨过黄蓉，万一哪天六神花露水要你打广告，你也甭扯了，发个喂蚊子的裸照就好。"从标题白骆驼转移到另一个白骆驼，实在是够绝妙。

【营销亮点】

王晓磊的人群定位很精准：对历史人物和武侠小说痴迷而似懂非懂的人。王晓磊专门挑耳熟能详的人物"搞事情"，以"不正经"的叙述方式，充满调侃的现代解读，有趣、有料、有干货的风格，让人读起来倍感清爽，易上瘾。在娱乐至死的年代，在标题党横行的互联网世界，谈论"过时了的金庸"和"老气横秋"的唐诗，似乎吃力不讨好，而王晓磊坚持书写有趣有料有格调的内容，特色鲜明，从而杀出来一条血路。

"六神磊磊读金庸"的文章常被广大网友"怒赞"为"脑洞大开的草根奇谈，最拍案叫绝的人生智慧"。天马行空的想象，肆意挥洒的写作方式，使王晓磊迅速成为自媒体平台的领军人物。王晓磊的厉害之处还在于他对尺度的把握，如他所言：一要有积极美好的情怀；二不要以观点划分人群；三是不设对立面，有包容心；四是表达正能量内容要有尺度。

【痛点解析】

该案例的爆品驱动因素：猎奇——搞笑。

对历史人物的现实化解读，配以诙谐犀利的文风，这种搞笑的写法，是文章火起来的基本元素，而从根本上来说，是读者的好奇心使然。

王晓磊以金庸武侠故事、历史人物故事，来解读当下的一些热点事件、职场规则和男女情感，满足了网民的猎奇心理。当文章内容变得足够吸引人阅读之后，广告植入就变得“肥而不腻”起来，反而对内容本身起了“调味剂”的作用。

陈／轩／点／评

奇特是吸引和维持注意力的关键，是帮助诸多信息从纷乱无序的环境中冲出重围的关键。但内容奇特要有个前提，就是受众对内容主题感兴趣。对大众熟悉的人物下手，进行不超出期待的解读，这种创新很“安全”。

强拉关系巧妙植入广告的代表：顾爷和“石榴婆”

【案例简述】

2015年1月，顾爷先后写了《女王范》和《岁月的痕迹》两篇广告文，顾爷开辟的假借普及西方绘画艺术知识实则打广告的内容营销方式独树一帜。

《女王范》的文章在网络上一经推出，立即掀起波澜，引起广泛的关注。短短几天，这篇文章的阅读量和转载量就突破了100万。不仅提高了作者顾爷的知名度，也让CHAUMET（尚美，法国珠宝及奢华腕表品牌）这一品牌出现在大众视野中。

文章以一幅世界名画《拿破仑一世加冕大典》为由头，深入浅出地展示了CHAUMET的悠久历史。文章一开始介绍世界名画《拿破仑一世加冕大典》，接着指出这幅画本身的逻辑错误，设计了约瑟芬皇后明明戴着皇冠，拿破仑却还要给她加冕来引出约瑟芬皇后头上珠宝的来历这一疑问。约瑟芬皇后这样一位高贵、时尚、富有且真正具备女王范气质的名媛，是怎么看上拿破仑的呢？重点来了。拿破仑取悦约瑟芬皇后用的并非是普通珠宝，而是贵重的钻冕。文章最后揭示CHUMET的创始人马里·艾蒂安·尼铎正是这昂贵珠宝的设计者。CHUMET拥有悠久的历史，延续至今，仍然是奢侈品行业的翘楚。

顾爷的文章明明是给人科普西方名画，读者看到最后才发现是广告植入。很多人表示，每当看到拿破仑加冕油画，脑袋里第一冒出来的会是CHUMET珠宝，可见这个广告做得多扎实。

《岁月的痕迹》也是这个套路，文章以意大利艺术家达芬奇的世界名画《最后的晚餐》贯穿于全文。开头写作者为了看达芬奇的画专门去了趟米兰，当看到《最后的晚餐》的时候，自己并不开心。原来，岁月早已经给这幅世界名画烙下了深刻的印记。1979年，意大利政府对画进行了清洗和修复，企图使它恢复最初的样子，并且对外收费展览。广告来了：时间、战争让这幅画变得暗淡无光，但罪魁祸首是因为脏。这同样的现场也发生在另外一些世界名画上，如伦勃朗的《夜巡》，米开朗基罗的《创世纪》。那么，保护措施是什么呢？飞利浦劲立方空气净化器AC4620。最后作者还不忘调侃广告主，把飞利浦空气净化器的代言人李晨P进了《最后的晚餐》里。

约瑟芬皇后的皇冠、《最后的晚餐》失真原来是因为脏，顾爷硬是在名画中找到了产品相关元素。他的经验告诉我们：产品关联物，找找还是有的。

无独有偶，另一位软文达人“石榴婆”也是强拉关系的高手。在“石榴婆”的《她的人生全是Easy模式》软文里，她从“方脸影后Reese Witherspoon”7岁拍广告开始讲起，在事业上，Reese在15岁即获“最佳艺人奖提名”，进入斯坦福大学读英国文学，后来又成为奥斯卡和金球奖双料影后。在生活上，Reese与高富帅经纪人走到了一起，育有三个子女，一家人看起来其乐融融。在穿衣打扮上，Reese也颇有心得，看起来时尚干练。

文章前五分之四的篇幅，“石榴婆”都在用一个又一个的铁证证明Reese是好莱坞的人生赢家。然而接下来峰回路转，不经意间打出来了“凯迪拉克”的广告。将“凯迪拉克是人生赢家好品位的选择”的诉求融入得相当不错。

【营销亮点】

顾爷和“石榴婆”至少可以带给我们两个启示：

1. 做好铺陈，卸下防线

用大量文字篇幅铺陈，乍看之下似顾左右而言他，但其实是在费尽心思不知不觉中说服受众，用不同的例证证明品牌诉求。

作为一篇几百文字和十几张图片组成的超长软文，作者需要一步一步或理性或感性地将受众带入到故事情境中，将自己擅长的时尚和艺术故事娓娓道来，通过不断引起疑问、回答，强有力的故事逻辑让读者于不知不觉中放下心理防线，沉浸在自己热衷的时尚八卦或西方美术的长廊里。文章在最后落脚到推广的品牌上，水到渠成。

2. 用受众感兴趣的方式讲品牌诉求

从选择性心理学上讲，“一般来说，人们习惯于接受那些与自己固有观点一致或自己需要关心的信息，而排斥那些与自己固有观点相抵触或自己不感兴趣的信息”。

受众都喜欢八卦欧美明星的私生活，于是“石榴婆”把Reese变成了“凯迪拉克”的代言人，用八卦的方式来证明“凯迪拉克”是好品位人生赢家的选择，从而使品牌形象与明星八卦完美融合。

顾爷看似在认真为受众解读西方绘画艺术历史典故，实则为CHAUMET重述品牌故事。因为是自己感兴趣的时尚和艺术信息，所以受众尽管知道是推广仍旧会点击浏览。

除了“时尚”和“艺术”两个话题，美食、电影、游戏、韩剧……只要是受众感兴趣的话题都可以学习类似的软文推广方式。

【痛点解析】

该案例的爆品驱动因素：猎奇——搞笑。

如今，谁愿意看广告呢？尤其是本来就烧脑的知识类文章，再粗略地植入广告的话，就等于白写了。如何让大家觉得既幽默可乐又能长知识，还能接受广告，实在是一门大学问。顾爷和“石榴婆”做到了。

陈／轩／点／评

“天才小熊猫”、顾爷和“石榴婆”的广告手法，其实很危险。因为直到文章最后，才亮出广告，一方面要求内容要足够精彩，让读者能够耐心读到最后；另一方面要求忠实粉丝够多，看清楚了套路，依然有所期待。

第五章

学习法则

获取有用知识，大家一起来学习

Small World Machine：可口可乐的大格局

【案例简述】

2013年5月，可口可乐推出了一条主题为“Small World Machine——Bringing India&Pakistan Together”（小世界机器——连接印度和巴基斯坦）的售卖机广告。这则创意互动广告为可口可乐赢得了“2014年金铅笔互动类（One Show Interactive）金奖”。金铅笔奖项设置分为3个类别：The One Show （平面、电台和电视广告奖）、One Show Interactive（互动广告奖）及One Show Design（设计奖），其评委来自国际享有盛誉的精英创意总监，他们组成的强大评审团阵容，赋予获奖的作品以最高荣誉。

内容营销一向是可口可乐的长期策略。这则广告内容同样很出彩，讲述的是位于巴基斯坦和印度两个国家的两台售卖机，在这两个国家的消费者齐心协力互动下，每台机器很酷地吐出了一听可口可乐。正如该机器的名字：Small World Machine，世界在这一瞬间变小了。两个国家的消费者同时触摸大尺寸3D触摸屏，在屏幕上互相给对方送去笑脸、心形，甚至一段舞蹈，每个人都获得了实惠与欢乐。

“Small World Machine”广告延续了可口可乐的一贯精神：“我们不是一个饮料品牌，而是一种连接世界的精神武器。”这则广告要传达的精神：维护世界和平，可口可乐在行动。

熟悉可口可乐的人或许有印象，早在1955年时，可口可乐的广告就涉及了政治敏感话题。当时距离马丁·路德金当众演讲《我有一个梦想》还有8年！试想，可口可乐当年启用玛丽·亚历山大（非裔）作为自己的广告模特，有多大的风险？当然，大胆的结果是广告产生了非凡的效果。对于种族隔离的不满，集中了很多人的“痛点”。站在全人类的视角，勇于承担社会责任，可口可乐成功将大众对品牌的关注从产品吸引到文化层面上了。

这则充满人文关怀的广告，最终为可口可乐的“小世界机器”吸引到了无数体验者，让可口可乐玩转了难卖的售卖机。

【营销亮点】

可口可乐利用人们对政治敏感话题的关注，为售卖机吸引到了关注。加上“小世界机”本身自带超酷科技元素，使得分享体验如火如荼。

【痛点解析】

该案例的爆品驱动因素：学习——新信息。

表面上看，广告诉诸的是情感，宣泄的是人们对于和平的集体诉求。实际上，可口可乐要炫的是自己的大尺寸3D触摸屏、Skype世界互联技术。而体验者感兴趣的也正在于此，是对于新生科技的好奇与学习。

陈／轩／点／评

学习是人的本能，人们喜欢分享和传递有趣的、新潮的信息，在分享过程中建立更加强有力的社会关系，让朋友们感受到自己的价值，促进双方的友谊。

大洋波岸的网红直播：27岁就登上了福布斯精英榜

【案例简述】

被称为“中国第一网红”的Papi酱直播首秀，收到价值90万人民币的礼物。很快，Papi酱拿到首轮投资，其估值1.2亿。其实，Papi酱真正学的是Machelle Phan（米歇尔·潘）。

1987年出生的Michelle Phan（米歇尔·潘），越南裔美国人，27岁就因拥有四家公司而登上“福布斯30岁以下精英榜”。而在福布斯今年公布的“全球收入Top10 YouTuber”，Michelle Phan排在第2名。米歇尔现在处于自媒体人最理想的状态：拍视频、接广告。

2009年，米歇尔凭借一支Lady Gaga大眼仿妆视频走红。米歇尔从小生活在一个普通的移民之家，父亲在工地工作，母亲有间美甲沙龙。母亲的美甲沙龙是她成长的避风塘，7岁的米歇尔就会在甲套上画画。在她幼年时期，父亲嗜赌为命，输光家产后一走了之。米歇尔与母亲时常被迫搬家，靠微薄的薪水相依为命。

“高挑、金发、碧眼是西方社会的主流美，我曾经很希望自己是个白人，因此我总是把眼睛画得很大，穿学院风的衣服，在学校里假装很爱八卦。”自卑而内心孤独的米歇尔很喜欢“变脸”的感觉，那种把别人的脸变成画布的感觉让她很舒服。

米歇尔算是第一代YouTuber。15岁时，她就开始了博客记录，记录自己不同风格的打扮和妆容，也逐渐有了属于自己的博客粉丝。

2007年暑假，米歇尔应聘兰蔻的专柜小姐，却因经验不足而被拒绝，深受打击的米歇尔得到了粉丝的治愈。应两名粉丝的提问和要求，米歇尔制作并上传了化妆入门教程的视频。这段七分钟的视频上传后，因其新颖的教程模式，吸引了众多网友，从此，米歇尔走上了视频美妆博主的道路，正式开始拍摄制作各种化妆视频，为广大女性粉丝的变美需求提供帮助。

和Papi酱一样，视频充满简陋而不失水准的亲切感。前期的视频基本都是在米歇尔家的阳台上由一台普通的摄像机录制的，处理软件是苹果电脑自带的iMovie。

从简单的入门级化妆到不同场景适用的复杂妆容，如圣诞节妆、毕业季妆以及夜晚舞会妆等等，这些都不足以让米歇尔成为万众皆知的大网红，直到“怎样画出Lady Gaga的眼睛”的出现。“怎样画出Lady Gaga的眼睛”仿妆视频教程，配合Lady Gaga的超高人气，视频一经推广，就获得了超百万的播放量。

从此，米歇尔的网红事业一飞冲天。2013年8月，她和L'Oreal（欧莱雅）合作推出EM Machelle Phan（EM，越南人名）化妆品系列，取名为“Reflection Of”（我的映像）。2014年，她与Endemol公司达成合作，在美国建立FAWM女性电视频道，关注女性美容、健康、产品、情感等内容。同年9月，米歇尔与音乐公司CEG（Cutting Edge Music）打造带有自身风格的音乐品牌。10月，米歇尔与兰登书屋推出了一本自传：《化妆：让你更美、更时尚和更成功的生活指南》。

在亚马逊的统计中，她的书在健康、美容门类的图书中销量排名第七。而她的YouTube频道登上了“100个新媒体红人榜”，排名48。她出现在美国的《SEVENTEEN》（十七岁）杂志，德国杂志《PEACH》（桃）以及世界各大报纸，并且在新加坡的《LA RUNWAY》杂志被称为“聪明的美女”。

2015年，米歇尔登上“福布斯30岁以下精英榜”，完美演绎了一个现代版灰姑娘的故事。

【营销亮点】

这世上从来不存在“莫名其妙地火了”。

YouTube作为互联网一大社交平台，给众多博主提供了人气与机会。米歇尔扎实的绘画与艺术功底，为她的走红奠定了基础。米歇尔的成功，取决于她为梦想付出的努力和不懈的坚持。她在分享的过程中，不断吸取全新的知识、技巧，耐心细致地讲解，为粉丝提供了源源不断的化妆技术与创意。就像她自己所说：“在你被所有人认可之前，你得先认可你自己。”她的坚持和创新让她获得了越来越高的人气。

除了自身实力过硬之外，米歇尔爆红离不开Buzzfeed网站的神助攻。如上所述，米歇尔的爆红源于“怎样画出Lady Gaga的眼睛”仿妆视频教程，而这支视频并不是最先在Youtube火起来的，而是经过BuzzFeed网站的推荐，才一炮而红。

BuzzFeed网站是一个很神奇的平台，官方的介绍是一个新闻聚合网站，致力于从数百个新闻博客那里获取订阅源，通过搜索、发送信息链接，为用户浏览当天网上的热门事件提供方便，被称为是媒体行业的颠覆者。事实上，BuzzFeed是一个致力于把新闻和广告杂交的公司。有人想到了中国的微博，也有人想到了中国的今日头条，但它们都没有BuzzFeed专注。Buzzfeed专注选取新、趣、奇、特的内容。

如前所述，白金还是蓝黑，一条裙子的颜色引发一次全球互联网狂欢，这个案例的幕后推手也是BuzzFeed网站。

【痛点解析】

该案例的爆品驱动因素：学习——新信息。

随着物质生活的丰富，女性网民的规模越发庞大，她们极为关注护肤美妆，同时也拥有强大的购买力，而学习资讯的源头就在各大社交平台，一方提供信息，一方获取信息，迅速形成了全新的“她经济”模式。《怎样画出Lady Gaga的眼睛》，是典型弥补受众知识缺口的病毒内容，所以能在此文发出后获得百万级别的粉丝。

陈／轩／点／评

米歇尔有自己的平台，将精致的妆容技术分享给广大女性朋友，视频内分享的各种“好用”产品，引起女性观众的争相购买。这种环环相扣的模式，让米歇尔的人气迅速蹿升，还为她带来了不菲的收益。换句话说，粉丝关注米歇尔的视频内容，一直都有所收获。

自制综艺的风向标：
高晓松凭借《晓说》火了起来

【案例简述】

《晓说》是优酷推出的第一档脱口秀节目，于2012年3月正式上线。这个栏目在每周五通过网络播出，每期由主持人高晓松谈论一个热门话题，话题不仅仅是有关电影，还有人文、历史、社会现象等，会以高晓松的个人见闻、研究、了解的东西为主题展开讨论。《晓说》还会在每个月邀请嘉宾制作一期特别对话节目，打造视频化的“高晓松专栏文章”。同时，每期节目会提前在网上公布话题，征集网友看法，实现节目与网友的全互动。

口才卓越、能讲故事的人有很多，比如崔永元、窦文涛、老梁等，高晓松不是最帅的，也不是口才最好的，却是最火的，2014年《晓说》一举拿下5亿浏览量，成为视频网站自制综艺的风向标。

【营销亮点】

《晓说》成功的一个关键，是因为它站在视频网站原创浪潮的大风口。高晓松成名很早，从1994年出版的《校园民谣》到1996年的个人作品集《青春无悔》，后来转型跨入互联网，2000年在搜狐做总监，2001年在新浪做驻美首席代表，然后做盛大的首席娱乐顾问、做A8的总监。让他爆红的确却是《晓说》。当时，各大视频网站巨头都争着要做原创，高晓松成为第一个吃螃蟹的人。

《晓说》的爆红，根本原因还在于内容本身。据说，《晓说》的名字含义其实有三层：一、有清晨、早上、蓬勃之意；二、世界之大，世事纷繁复杂，无穷无尽，这里算是个开始或是冰山一角，有作者谦虚的意味；三、作者名字中有“晓”字，讲述的是作者对大千世界万事万物的感观。这是官方说辞，实际上，《晓说》的爆红，源于高晓松的非常“敢说”。高晓松讲的多是“潜规则”，很多人想说但不敢说的话。当然，他也会讲一些大家都想不到的知识点。

《晓说》还异常“自然”，高晓松讲的内容都是自己看过的书，走过的路，见过的事。很多都是先跟人家在饭桌上讲过的，然后搬到了节目上，所以自然清新，富有互联网精神。《晓说》作为国内首档轻娱乐、重文化的漫谈网络脱口秀，能让普通人轻松地了解到真实、有血有肉的历史和世界，开辟出一片书墨浸染的文化市场。

【痛点解析】

该案例的爆品驱动因素：学习——知识。

《晓说》的定位是一个聊天式的脱口秀节目，整个节目中充满了轻松幽默的氛围，散发着浓浓的人文气息。高晓松扎实的知识储备、收放自如、深情客观的主持风格、幽默自然的谈吐，是吸引受众的核心条件。在《晓说》节目中，内容涉猎很广，关注的都是社会“知识盲点”和“掐点”，有些话题在网络上只有支离破碎的知识点，而高晓松畅谈这些话题，理性地讲述真相，洋溢着一股新鲜蓬勃的味道，让我们认识到自己的常识错误，弥补知识漏洞。

《晓说》的目标人群大多是不大爱读书的年轻人。不爱读书、爱看视频、爱听人讲是新一代网民的共同特点。他们通过《晓说》获得了有用又有点冷门的知识，很多人表示非常受用。

陈／轩／点／评

《晓说》的一个厉害之处在于，他很注重互动性。除了视频中的话题畅谈，高晓松还在每期节目播出之前，将话题公布给大众网民，引导网民参与话题讨论，发表意见与观点，这对保证节目的新鲜度与点击率起着至关重要的作用。

科普雾霾：
柴静《穹顶之下》一日火爆全国

【案例简述】

2015年2月28日，前央视记者柴静在互联网上发布了由她自费拍摄的雾霾调查视频《穹顶之下》。视频一经推出，就火速在微博、微信等网络平台上获得了大众热评，并引起国家环保等相关部门领导人的高度重视。该视频如病毒一样迅速传播扩散，获得数以万计的支持和评论。

一天之内，该视频的播放数据异常惊人：腾讯视频8793万，优酷视频播放量为1268万，乐视网为1080万，搜狐视频播放量为262万，土豆网播放量71万，爱奇艺播放量为127万，凤凰网视频播放量为105万。

【营销亮点】

1．小入口，大话题

能被广泛传播的一定是公众性话题。柴静选择的雾霾话题，有普遍的社会共鸣性，且与当时即将召开的两会大背景完美契合，可以说万民关注。雾霾是什么？从哪里来？面对雾霾我们应该怎么做？这些是每一个面对雾霾的人都有的疑问，然而大众有疑问，却很少能找到相关的信息资料和客观权威的解释，柴静的调查视频在此时推出，刚好满足了大众对于“雾霾”问题的诉求。

柴静的厉害之处在于，她以女性的角度，“治大国如烹小鲜”，以一个母亲为女儿复仇的角度切入，非常接地气。开篇讲述了作为母亲的柴静，本应该沉浸在孕育新生命的喜悦中，却得知腹中女儿确诊为肿瘤，这是视频一大痛点，不论网友的身份如何，都深深引起了情感共鸣。好的开始就是成功的一半。如果抛开母亲的身份，仅以记者的身份，分享走访多污染源、多地区、多国家实地拍摄的经验，就可能会失去很多观众。

柴静的另外一个讨巧的地方，在于运用足了另外一个身份：私人调查者。《穹顶之下》主打“非机构、非记者所做的信源最权威、信息最立体、视野最开阔、手段最丰富、最有行动力的雾霾调查”，人们热衷于为自掏腰包办实事的人点赞。

2. 发布时机深思熟虑

据南方周末的报道文——《我见证的柴静与雾霾的恩怨》透露，柴静用了一年时间来做这部纪录片，而在2015年1月27日前，早已成片。

柴静选择节后第一周发布，可谓经过了深思熟虑。节后第一周属于话题空档期，舆论饥渴、热门话题缺位，这样一个公众性话题很容易被最大化吸纳和扩散。首先，视频网站、门户网站、自媒体平台在内的新媒体空间，周末的更新度低于平时，可让话题占据尽量多的入口资源；其次，在新媒体环境下，尤其社交媒体平台上，话题的生命周期在不断缩短，更新很快。而在周末时间，话题的生命周期可以被拉长。

【痛点解析】

该案例的爆品驱动因素：学习——新信息。

这个视频爆火的根本原因在于它的知识性，而不只是包装性。雾霾问题一直是人们关注的焦点话题，在103分钟的视频中，柴静逻辑清晰地告诉了我们——雾霾是什么？为什么会出现雾霾？我们该怎么办？

纪录片《穹顶之下》为大众的“雾霾”疑问进行了一次科普，同时也对治理雾霾发出了强烈呼吁。这些都深得普通人的共鸣与认可。从片中可以看到，柴静走访了多个污染现场寻找雾霾根源，并多国实地拍摄治污经验，这让人觉得《穹顶之下》是一部严肃认真的作品。在新媒体时代，每天可以看到很多粗制滥造的内容，但像柴静这般用心、用时、用钱去打造这么一部片子的做法毕竟少见，所以人们乐于在受教的同时转发分享。

陈／轩／点／评

在内容的病毒化中，内容本身足够优秀是前提。而优秀的第一个要素就是此内容是否具有现实有用的新信息，是否拥有价值。雾霾与每个人、每个家庭的健康息息相关，而大众又缺乏雾霾知识，因此，独立客观地对雾霾作一番调查就显得极为珍贵。

利乐公司成功的广告软文：《怎样喝牛奶最有营养》

【案例简述】

1995年，作为全球最大的液体食品包装生产企业，瑞典的利乐公司全面进入中国市场。利乐包装拥有当今世界上最为先进的包装技术，其产品有着很高的科技含量，在欧洲发达国家被广泛应用于食品、饮料、乳制品、酒和食用油等行业，而在中国却尚未被广大消费者所认可。

如何使消费者重视专门做产品包装的利乐产品呢？如何使消费者了解利乐包装的优点，从而改变过去的购买习惯，改买利乐包装的产品呢？如果仅仅是介绍利乐产品的科技含量，效果可能仅仅是使消费者知道另一种高科技含量的产品，未必能引起消费者对利乐产品的特别重视，也不见得能促使消费者改变购买习惯。

最后，利乐公司在中国上百家报纸上投放了这样一篇生动形象、通俗易懂的软文广告——《怎样喝牛奶最有营养》。这篇软文是运用菲斯廷格认知失调理论扭转顾客态度的典范。

【营销亮点】

1. 制造认知失调，做好铺垫

菲斯廷格认知失调理论的前提是：个体在原有认知体系的基础上接触新

的独立的认知因素，或与自己原有认知因素呈协调关系的新的认知因素时，不会引起认知失调，只有在原有认知体系的基础上接触新的与自己原有认知因素呈不协调关系的认知因素时，才会引起认知失调。那么，要使消费者发生认知失调，首先要提供新的认知因素，使之与原认知体系中的认知因素呈不协调关系。

《怎样喝牛奶最有营养》一文从高温天气牛奶如何保鲜切题，引入牛奶的杀菌保鲜这一认知因素，使得利乐包装蕴含的科技知识不再是一个独立的认知因素，而成为与牛奶杀菌保鲜相关联的认知因素，这就提供了造成认知失调的基础。

随后，文案着重提示了巴氏消毒法无法杀死牛奶中所有的细菌，经巴氏消毒法处理后，其他包装方式的牛奶在消费者饮用的时候很可能已经腐败变质。这一信息犹如水中投石，足以引起受众认知失调。一般来讲，消费者是相信生产企业对于牛奶这类保鲜期短而且容易腐败变质的饮料一定会采取比较好的杀菌保鲜措施的，即消费者原有的认知因素是其享用的牛奶是安全的。但是消费者的这种信任是比较盲目的，真正了解目前通用的牛奶巴氏消毒法的优缺点和其所必需的“冷链”保鲜要求的消费者是极少数的。

《怎样喝牛奶最有营养》将这些信息全部展示于受众眼前，并且提示了“冷链”的极易断裂，即向消费者提出了通常被饮用的牛奶已经不安全的新的认知因素。这两个认知因素在高度重视健康的现代消费者心中必定会引起严重的认知失调。

2. 将广告植入解决方案中

制造认知失调的目的是，先颠覆，再教育，让消费者对原有认知产生混乱的最终目的，是要他们接受新的认知因素。

《怎样喝牛奶最有营养》对巴氏消毒法和其他包装方式的颠覆并不是其主要目的，使受众接受利乐包装才是其真正的诉求。文章最后那句话才是利乐公司发布这篇软文的关键：“当您把牛奶取回家放进冰箱后远非万事大吉。作为一个消费者，不仅应该对在常温下（即不是从冷藏箱中）出售的鲜牛奶提出异议，更应该注意选择消毒和包装更为合理、先进的利乐无菌包装的消毒牛奶。”

前面所有的铺陈，就是为了营造氛围，把消费者往“健康”两个字上引导。前面大篇幅分析，让消费者认可经巴氏法消毒后采用其他各种包装的牛奶仍存在安全隐患，激发消费者去寻找健康的解决方法，这时候不经意地出现有利于健康的解决方法时，就很容易让消费者接受。

【痛点解析】

该案例的爆品驱动因素：学习——新信息。

这篇文章从科学的角度出发，为消费者改变错误的喝牛奶的习惯，教会了消费者新的健康知识。因为消费者觉得有用，软文才能带动产品销售。

陈／轩／点／评

这篇短小精悍的软文带给我们的启发就是，扭转态度的重点在于引进有助于协调新旧认知因素的其他认知因素，使得新的认知因素与过去的认知因素看起来都较容易接受，然后协调好二者的关系，让受众接受新的认知因素，便成功了。

《“痞子”CEO唐岩》：靠一篇趣文吸引到风投基金

【案例简述】

2014年5月，马李灵珊在《智族GQ》杂志发表了一篇《“痞子”CEO唐岩》的文章。

洋洋洒洒的7500字把唐岩这位互联网新贵刻画得有血有肉，内容极为精彩。陌陌在美国上市前后，这篇文章在微信、微博上被铺天盖地地疯狂转发，形成爆发式传播，有人称其为“关于陌陌CEO最好的一篇特稿”。文章作者马李灵珊也因为这篇文章，获得了来自唐岩的创业启动资金，开启了她的创业之旅。

首先，文章标题充满冲突和喜感，痞子怎么能当CEO？CEO如果是痞子，那公司怎么办？让读者在看到标题时就有点开看看的欲望。文章内容也没有急于讲述唐岩如何创业、如何成功，而是以陌陌CEO唐岩2013年的打架经历切入。唐岩的创业和大多数创业者不同，他几乎从不加班，也不发表什么激励人心的讲话，还经常“躲在电脑后打《帝国时代》”。他不是不在意公司成功与否，而是有着自己的管理“绝活儿”。“匪首”唐岩非常聪明，喜欢高效率沟通，说话不绕弯子，都是直来直去，“对朋友和身居高位的人，唐岩说话刻薄，喜欢挤兑人”，对下属们毫不含糊，只要作出成绩就大方地升职加薪。做陌陌之后，他没出席过一次所谓的行业论坛，因为“和削尖脑袋往名利场钻的人不一样，唐岩不担心不混圈子会损失什么”。“微博上有用户骂他。他要是真犯了错，就先道歉；但要是对方撂了脏话，他一定针锋相对骂回去。”他从不避讳自己北漂时住地下室的过去，也从不掩饰自己的虚荣嘚瑟，成功前是因为“输人不输阵”的街头逻辑，成功后是一掷千金以“证明生命力”的豪气。

【营销亮点】

这篇文章火爆的原因一半在于唐岩，一半在于作者的文笔。一方面，唐岩本身就极富争议，具有极强的话题性和极高关注度。他创立了中国最大的陌生人交友APP陌陌，并于2014年12月11日在美上市；上市前夕，前东家网易公司还突然发声明“揭发”唐岩在网易工作期间存在不法行为，甚至在2007年因其个人作风问题被拘留10日。这些一度引发轩然大波，使唐岩成为热议的话题。另一方面，作者以入木三分的生动笔触将血性十足的唐岩和他快意江湖的人生勾勒得淋漓尽致，刚好填补了大众对这个话题人物的想象，这势必会引起大众强烈的阅读兴趣和分享欲望。《“痞子”CEO唐岩》把唐岩争议背后的性格和气质写得非常出彩，让唐岩的形象由负转正，而且深入人心，也为陌陌赢得了巨大的社会认同，甚至有人冲着唐岩的个人形象而去买陌陌的股票。

【痛点解析】

该案例的爆品驱动因素：学习——猎奇。

最初的唐岩和很多北漂一样，住着每月330块的地下室，是什么让他成为中国最火爆APP的掌门人？这个经常打群架的“痞子”如何成长为中国互联网大佬？怀着对这位“痞子”CEO的好奇，人们会不由自主地点开文章看看，学习他的成功创业经验，分享到社交圈，进而形成病毒性传播。

陈／轩／点／评

第一时间帮人解惑，这样的内容易形成社交货币。人们愿意分享和传播“内幕”信息，让朋友们感受到自己的价值，从而促进彼此的友谊。

烧脑的引力波：科学知识也可以有意思地讲出来

【案例简述】

真正有用的知识通常都很烧脑，尤其是科学知识，似乎与这个娱乐至死的时代格格不入。如何将生硬的科学知识传播开来，果壳网的做法很值得借鉴。

姬十三创办的果壳网2010年上线，曾喊出目标“成为中国的Discovery（中国的发现者频道）”，希望在新媒体时代让科学和技术的传播变得引人入胜。之前，果壳网利用微博进行重大事件的直播：无论是诺贝尔奖还是搞笑诺贝尔奖，无论是希格斯子发布会，还是猎户座、spaceX和玉兔的发射，乃至春晚、奥运……

2015年，“引力波”被媒体炒得很热，果壳网决定抓住这次热点，精心策划一篇百万+的传播爆文。2016年2月11日深夜，果壳网公众号推送文章《今晚的“大新闻”到底说了个啥》，发布不到24小时，阅读数达到200万，点赞2万多。果壳网微博主账号的同题推送累计转发超过13万次，评论超1万，点赞超4万，总浏览量近3000万，涨粉6万左右。

【营销亮点】

天时、地利、人和，一样不能少。

这篇文章的内容打造，编辑团队以及作者们的通力合作是根本。果壳网透露，这篇百万+的文章其实是由三个编辑联手打造而成。其中一个引力波研究者负责科学信息部分，一个段子手编辑主要负责生动化内容，一个编辑负责用感性的文笔抒情。果壳网自己对这篇文章的引爆归结为三个部分：科学信息+可读性+共情。

产出“百万+”，天时、地利、人和缺一不可。选择什么时候发布一篇微信文章，有时候直接决定它的阅读量。果壳网根据自己运营的另外一个账号“科学人”的以往经验，公众对“引力波”这样的信息缺乏认知，提前推送相关信息，无法达成预热效果，且容易造成审美疲劳，所以他们选择在春节假期的中段发布。它并不早，再早一些，公众还沉浸在初返家乡的忙碌和对春晚的激烈讨论当中；也不晚，再晚一些，大家又会陷入返程和开工的焦虑中。果壳网选择大年初四推送此文。

这篇科学文章的引爆，还离不开各方的协力配合：微博大V和娱乐明星。仅英国报姐的转发就带动了超过1万的新增转发。在娱乐界，苏有朋、SNH48多位艺人；在游戏界，无双小智、伊芙蕾雅、林熊猫等人的转发，让相关信息快速扩散到不同的人群当中。文章发布之后，先从科学媒体开始，然后是大众媒体，所有传播者都在谈论引力波。引力波话题很快就占据了所有重要的传播通道。

【痛点解析】

该案例的爆品驱动因素：学习——知识。

言之无文，行而不远，保证信息的准确性是基本要求。为此，在打造这篇文章之前，果壳网精心组建了专家群，专门研究了一周引力波知识。

另外，科学是冷静的，果壳网就适当“植入”情感因素，希望通过唤起读者的共情，来实现“二次传播”。事实证明，果壳网情理交融的做法效果很好。

陈／轩／点／评

知识文很容易死于无趣，让读者读得下去科学术语，这才是关键。所以，果壳网通过“段子”来留住读者。2015年，在诺贝尔物理学奖项目“中微子振荡”的报道中，果壳网编辑团队使用的段子，就因为趣味性和准确性并重，既在读者中传播甚广，又得到很多物理学界专业人士的肯定和转发。

利用人的恐惧感做营销：史玉柱放大招做牛了脑白金

【案例简述】

人类对负面信息持有天然警惕。广告商和营销大号们抓住人类的这个特性，玩得风生水起。在这方面，史玉柱绝对是达人。如《不睡觉，人只能活5天》《女人四十，是花还是豆腐渣》《人类可以长生不老吗》等病毒软文帮助脑白金启动了市场需求并迅速畅销大江南北。多年过去了，史玉柱亲自指导创作的这些软文，始终被誉为中国广告史上最佳推广软文。

在脑白金之前，史玉柱投入资金推广过脑黄金，结果失败了。在脑白金产品出来之后，史玉柱一改过去的做法，开创了这种软文推广方式，用不足50万的启动资金，在2001年创下单品销量2个多亿的成绩，且在短短三年内，年销售额就达到了十几亿，在保健品营销领域创造了一个不可超越的神话。

据说当年史玉柱在软文质量上下足了功夫，不仅组建了专门的文案策划班子，还亲自抓软文质量。所以，脑白金的软文充满套路。

短短700字的《女人四十，是花还是豆腐渣》中，文章开头就很吓人：女人一过40岁，皮肤越来越粗糙，皱纹越来越多，体态变得臃肿……所以女子四十很容易成为豆腐渣。然而，现代科学发现：这一切决定于人脑中掌管人体生命时钟最重要的器官——脑白金体。如果每天饮用适量脑白金，就可以使身体各器官回到年轻状态。接着用美国权威论文佐证，妇女35岁开始每天喝脑白金，更年期最少可推迟15年到来。甚至，有的已绝经的妇女因长期饮用脑白金，又来了月经。

【营销亮点】

史玉柱的厉害之处，在于他把太多精力放在了科普论证而非广告上面。这一点在《人类可以长生不老吗》中发挥得有过之而无不及。

《人类可以长生不老吗》一文，不停强调美国媒体的专业报道、美国人的疯狂抢购；强调美国专家学者的专业论断、脑白金体的神奇。《纽约时报》的报道，有时间、有频次；专家学者的论断，有姓名、有院校；刊物书籍，有发行、有销量……因此，很多消费者都看不出这些是脑白金广告，都以为是科普类新闻报道。大部分人都把内容当作新闻来读，很容易接受文章中阐述的新知。

《不睡觉，人只能活5天》同样也是这个套路。“医学工作者都知道：不吃饭，人可以活20天；不喝水，人可以活7天；不睡觉，人可以活5天。可见，睡觉比吃饭、喝水更重要。”文章从一开始就像是在向用户传递健康科普知识，普及睡眠的重要性；紧接着提供了相关文献数据和美国实验报告，使其论点更具说服力；继而提出人们常常陷入的误区“浅睡眠现象对人体伤害不大”，并深入解析人们“出现睡眠障碍”的原因和最新的解决方案，逐步引出“脑白金体”的概念。

当时，软文广告刚刚在报纸上出现，而且大部分都是豆腐块式的小篇幅躲躲藏藏的广告文。脑白金反其道行之，不仅用大篇幅版面刊登，而且采用了非常抓人眼球的标题吸引大众关注，文章中更是大量引用专业机构、权威人士的力证，具有非常强的冲击力。而且，当时消费者普遍信任新闻报道、数据性的科普文章，所以脑白金新闻性、科普性极强的软文内容让消费者很容易就放下心防，把它当新闻新知来阅读和讨论，甚至一些媒体编辑都上当了，主动将该软文当作科普新闻进行转载刊发。很快，脑白金的系列软文在各大报纸媒体平台亮相刊发，在目标消费群中广为传播，为后续脑白金的上市销售做足了预热工作。

好的软文就是要有让人看完直呼上当的效果，脑白金的推广软文做到了。

【痛点解析】

该案例的爆品驱动因素：学习——好奇。

健康、长寿一直是人类所追求的梦想。文章标题极具诱惑力，就能够吸引读者眼球。

脑白金系列软文能够引起这么大的轰动效果，在于它利用了人的恐惧心理。《女人四十，是花还是豆腐渣》《人类可以长生不老吗》《不睡觉，人只能活5天》，利用的正是人对于年龄、衰老和死亡的恐惧心理。恐惧会吸引人们去学习，但要让人们读下去，靠你能否给大家带来点缓解恐惧的信息，史玉柱的做法是先把坏结果放大，然后用科学的方法来解决问题。

陈／轩／点／评

需要提醒的是，利用人的恐惧感做营销要适度。根据利伯曼&柴肯的一项研究，信息唤起的恐惧感在一定范围内能够产生较好的说服效果，但如果避免威胁很困难时，人们会采取防御态度，尽而倾向于否定这条信息。总之，适度的恐吓，能给读者营造出解决问题的迫切感。而过度的恐吓，会吓走读者。

第六章

宣泄法则

发泄内心的汹涌，一起笑来一起哭

制作了9张怼对手的海报：神州专车为约车行业迎来了春天

【案例简述】

2015年6月，神州专车一组“Beat U，我怕黑专车”主题的宣传海报热传于社交网络，包括演员吴秀波、海清、模特杨璐、投资人王建庆在内的13名代言人，这种公开叫板的营销方式让网友大呼“刺激”。

在神州专车官方微博发布的9张海报中，代言人分别有演员海清、吴秀波、愉悦资本创始人刘二海、中国女子马拉松纪录保持者孙英杰、顺顺留学创始人张杨、新女学掌门人苏岑、模特杨璐、警察汽车驾驶教官柳实和律师姜勇。他们手举黄色标牌，标牌中间的黑色字母U被打上红色禁行标志。

每张海报均配以不同的攻击性文案，如“搭私家车，聊天熟得像家人，出意外时就变陌生人。私车理赔难，别自找麻烦”，“女人要勇敢，也要安全感。最好的遇见，并不在黑车里。爱自己，请在夜里远离”等，同时，神州专车官方微博直接喊话：“乌伯，请停下你的黑专车！”这些微博上都有一个相同的标签“#BeatU！我怕黑专车#”，该话题当天阅读量超过1500万。

海报上虽然没有直接写明针对的是哪家竞争对手，暗示得却非常明显。直到有关媒体报道发了一篇《神州专车炮轰Uber引爆专车大战》力挺神州专车，挑明了这场战争的攻击对象。

【营销亮点】

这场对撕，受益的是整个专车行业。

神州专车用这样带有明显指向性的话语和照片攻击竞争对手，立马引发一堆负面评价。有人称代言明星在“为流氓站台”，有人调侃“请问是找的哪家脑残广告公司做的这么垃圾的广告”，就连作家宋石男也说，“广告甫一推出，神州专车立刻让自己变成痰盂。”

尽管神州专车因此惹上了口水战，最终不得不撤掉了海报，但是低成本快速传播的目的妥妥达到了。也许有人会说，知名度有了，没有美誉度，岂不是白瞎？那只是想当然而已。神州专车在被骂的当晚立即在朋友圈发布了一条道歉，并发了优惠券补偿的链接。很多朋友都说神州道歉不够诚恳，而神州专车道歉只是个噱头，找个借口发放优惠券是真的。

消费者永远是选择性健忘的，他们只会忠诚于自己的利益。据说，神州专车的这次营销活动，使得手机端APP Store排名从148上升到61，并获得超过500万单日下载量。

事实上，这次海报营销带动了整个专车行业的发展。被神州专车攻击的Uber（优步）也是受益者，神州专业骂Uber的时候，很多人表示“我要下个Uber压压惊”，所以Uber在App Store中的排名也从广告之前的30名上升到17。更多人则表示，这次骂战让他们知道了专车，准备试试。

【痛点解析】

该案例的爆品驱动因素：宣泄——情感。

打车出行，是都市人生活中很普遍的交通方式，此次事件的目标人群就是都市打车族。早期大家乘坐的只有正规的出租车，后来随着神州、Uber、滴滴、首汽等专车进来，很多人被迫陷入了打车选择困难症，分不清谁是黑车谁是正规军。打车族当下的内心独白真的是应了神州专车的海报主题——我怕。

客观上讲，当时神州专车奉行公司制管理，实行派单制，要求司机统一着装、佩戴白手套、为客户开车门、车内物品有序摆放等，而Uber则管理松散。所以，神州专车掀起的口水战也并不是毫无事实依据。

陈／轩／点／评

当时，滴滴、神州专车、Uber，都属于新生事物，给人民群众带来了切实好处。但神州专车激进的方式，还是建议谨慎选择。

“微信教主”咪蒙：靠什么一炮而红

【案例简述】

有人问：“如果有人当面抨击你文章中的观点，你怎么应对呢？”

她实话实说：“如果有人当面抨击我，我就哭给他看。生活中，我是个超级大㞞逼。”

你能想象“她”就是写出狂刷朋友圈的第一撕逼爆文——《致贱人：我凭什么要帮你》的毒鸡汤教主咪蒙吗？

很多人都是从《致贱人：我凭什么要帮你》这篇文章开始听说并关注咪蒙公众号的。

你知道这两篇热火的文章是怎么出炉的吗？

《致贱人》火了之后，咪蒙在接受采访时如是说：

“本来那天因为被朋友拉黑了，觉得委屈，正在写《致LOW逼》，写了一半，中途接了个电话，又是上来就用命令的语气要求我帮忙的，我挂了电话，很不爽，就一气呵成，把《致贱人》写完了。写完了这篇，我就把另一篇剩下的部分写完了。后来确实考虑要不过段时间再发这篇，先写点别的题目，毕竟我还有几十个题目想写，它们都在我的脑子里，只是需要时间写出来。但是我那天牙痛到不行，去诊所看病了，想说不管了，另一篇还是发了吧，因为我没时间写新文了。”

看来这两篇文章，确实是作者“情绪激动”下写出来的，难怪那么富有现场感且杀气腾腾。

《致贱人：我凭什么要帮你》是咪蒙在2015年12月12日推送的，短短三日之内，阅读数超350万，吸粉过20万。此文一出，咪蒙荣膺麻辣“毒鸡汤”之称，粉丝甚至自封“咪蒙教”。

【营销亮点】

你真的以为咪蒙因为牙疼就写出了超级爆文?

咪蒙是文学硕士，读大学时你去玩的时候，她都在学校图书馆读书，文学修养是毋庸置疑的。咪蒙文笔好，能写出《致贱人》确实是实力。但是情绪上能如此富有感染力，三天俘获20万粉丝，离不开她的人生阅历。咪蒙曾被生活虐得遍体鳞伤，所以才能瞬间井喷式写出“苦大仇深”的怒文。

“我妈在我爸出轨的那十几年，眼泪早哭干了。”

“我爸的儿子，比我的儿子还要小 7 岁。”

童年坎坷，父亲出轨，母亲软弱，咪蒙从小阅尽世间冷暖。从黑暗中挣扎出来的人，在内心深处是排斥“鸡汤”的，就像张爱玲，你很难指望她能写出琼瑶剧来。所以，咪蒙的文字更倾向于反鸡汤，她想骂人时，能骂得荡气回肠。

除去“拿菜刀去砍人”的人生经历，咪蒙还有一个令人不得不佩服的优点：勤奋!

“我以前写专栏，一周一两篇就可以了，现在每天都得写，在飞机上、出租车上都得写。我每天从早上9点工作到半夜12点、1点，睡前还是会抽一个小时，看一遍我关注的做得很好的公号，分析哪些文章好，为什么好，有什么值得学习的地方。然后我经常痛心疾首，妈蛋，又一个好题目被写走了。”

这世上哪有莫名其妙的爆文? 有的只是令人惊诧的勤奋积累和处心积虑

的努力。

【痛点解析】

该案例的爆品驱动因素：宣泄——情绪。

“如果善良就是纵容你们这帮××，我愿意一辈子都歹毒下去。”《致贱人》这样的题目本身就够招骂了，咪蒙的文中还充斥着一些“招黑”的句子。

“我有个朋友”“我同事的闺密”，这才是咪蒙打开毒鸡汤模式的一贯语气。大家一开始看她的文章，感觉像在听一个好朋友讲故事，但听久了也就腻烦了。所以咪蒙偶尔也会采取亲自上马直接撕逼的叙述方式，《致贱人》就是咪蒙隔屏手撕的巅峰文。

那么，咪蒙为什么就不能像其他鸡汤大师们一样好好说话呢？正如一个网友的犀利揭示：“鸡汤市场行情越来越差，试试酸辣粉，效果确实不错。”譬如《致贱人》，如果换成心灵鸡汤的打法——“亲，你要学会以德报怨”，想想就没人爱看。

陈／轩／点／评

没毛病意味着没争议，没争议意味着没共鸣。咪蒙说，她写《致贱人》的时候，非常清楚会有“买一赠一”的结果，一定会有人出来骂她，毕竟她先骂了别人。《致贱人》用的是情绪宣泄的病毒传播原理，只是手法用的是“反向共鸣”，用故意招黑的内容来引发争议，在争议中促成爆文的传播。

《如何假装成一个好妈妈》：一夜间刷爆朋友圈

【案例简述】

2017年8月25日，朋友圈被一篇《如何假装成一个好妈妈》的系列漫画刷屏。这组由漫画构成的推文，在一个粉丝不到5万的公众号被推送，竟然获得了1400万浏览量，4.5万点赞，三天时间该公号涨粉37万。现在有超过2000万个公众号，能取得这样的阅读量万里挑一，被人称之为“2017年度最佳女性专访”。《如何假装成一个好妈妈》系列漫画穿越海峡，火遍两岸三地。

值得一提的是，这组漫画的作者原本是想写一篇普通的育儿文章，写之前在图片网站上搜配图，结果看到了一些老海报，画面里有妈妈、有孩子。作者觉得有一些挺符合自己想说的内容，而且海报上时代更迭形成的反差很有喜感，所以就打算不写长文了，而改用漫画。这反映出，图片内容如果做得好，比长文省时省力且效果更好。

《如何假装成一个好妈妈》系列漫画圆了作者的夙愿：“我希望樱桃画报的读者是一群在睡前无聊的人。无聊怎么办呢？就想到看樱桃画报。我希望读者以女性为主，审美上有追求，有情趣，有幽默感，排斥纯鸡汤，排斥成天怼天怼地的负能量。只要一走心，她们就会情绪亢奋地想给我打赏。”

【营销亮点】

一夕爆红的文章几乎是不存在的，《如何假装成一个好妈妈》也有之前的借势文章做积累。

这组漫画的作者其实是位男士，自称易老板。易老板在推送《如何假装成一个好妈妈》的时候，心理预期是撑死10万+的阅读量。他之所以这么没有自信，是因为之前爆文乏善可陈。

作者在创办樱桃画报之前也创业过，专职运营公众号之初充满挫折。易老板最开始运营的时候，将近一年，一直没什么起色。努力了一年，“樱桃画报”还是个只有1.5万粉丝的小号。更让易老板沮丧的是，他自己精心策划的选题，阅读量都很不理想。

2016年8月，有天看了一个美籍亚裔的脱口秀女演员黄阿丽的演出视频，觉得很有意思，就找了些图片，配了介绍文字发了。标题是《她是我见过最污的女演员，没有之一》，这是第一篇阅读量10万+的文章。后来介绍美国射击运动员马修·埃蒙斯的《他可能是奥运史上最倒霉的人》，阅读量50多万。有了这些借势漫画作品的铺垫，才有了《如何假装成一个好妈妈》的引爆。

【痛点解析】

该案例的爆品驱动因素：宣泄——情绪。

《如何假装成一个好妈妈》系列漫画为什么这么火？说到底是因为漫画表达的内容很走心，戳中了妈妈们的心窝。养育孩子对婚姻质量、个人生活状态都产生了巨大的影响，现实中妈妈们太需要这种苦中作乐的娱乐精神了。

樱桃画报设置的每个问题都很写实、走心。加上毫无违和感的旧式海报逗趣画风，对爸爸不带孩子的吐槽、控制不住的特别想冲孩子发火又怕单身狗们看笑话的吐槽，深得妈妈们认同。一系列写实漫画之后，作者给出结论：成为一个好妈妈最关键的要素是靠装。这个结论让人忍俊不禁地同时连连点头。

陈／轩／点／评

爆品的黏性其实靠女性群体比较多。《如何假装成一个好妈妈》发布之前，“樱桃画报”的女性用户占比是60%到70%，文章发布一周后飙到了82%。女性用户，尤其是妈妈群体，是可以形成互动的最大忠实群体。

成功的“饥饿营销”策略：小米手机屡屡被抢购一空

【案例简述】

“听说小米新出的红米Note很好用，有现货吗？”

“有啊，一口价1200，1.4G版的。你运气真好，要不是米粉节放了点货，你就是1400也买不到呢。”

2012年11月，从QQ空间首发到小米常规的惯例宣传，“千元真八核”的红米Note，预约人数是1.22亿人，但第一批放量只有30万台，供不应求，引发粉丝抢购，大量黄牛党借机囤货赚差价。没买到红米Note的用户怨声载道，这加重了红米Note的抢购风潮。

自此，“产品发布→消费等待→销售抢购→全线缺货→销售抢购→全线缺货”，小米独创的抢购式爆品出炉了。用销售培养用户习惯，用抢购拉动用户搜索，这样的互动方式很具备病毒传染性。开始，小米每次发布的新型手机，抢购时间都定在周二，每次都一抢而空。

一般而言，小米最初几轮抢购都只有10万台，然后逐渐加到15万台、20万台、30万台。想要像其他手机一样做到开放购买，小米手机往往需要等待数月甚至10个月之久——而这时，也往往是小米下一代新品发布之际。

小米抢购式爆品的成功，引发了其他手机厂商的效仿，魅族、锤子、360、诺基亚X、中兴的大牛、小牛和红牛、荣耀3C、联想黄金斗士S8等都纷纷加入了抢购营销的行列。

2013年10月，随着小米手机三代和小米电视的正式上市，整个互联网上再次掀起了一阵抢购热潮，数百万用户同时登录小米官网抢购最新商品，声势浩大。

小米公司独创的“限时抢购”模式所蕴含的理念是与小米做互联网企业的思维方式完全一致的。也正是因为拥有这种模式，让小米把产品营销做得这么好，创造了中国创业企业发展史上的奇迹。

【营销亮点】

小米开创了互联网销售手机的新模式，利用几乎不用钱的互联网省下了大量的渠道成本和营销成本，这也是小米手机能成为高性价比手机的根本原因。

一个新款手机没人知道，一下子备货十几万部，对于新的手机品牌是不可能的，所以前期只备货几万部甚至更少，用预约的模式来试探市场的反应，这种饥饿营销对于一个初创手机品牌来说，有两个好处：一是吸引眼球，制造热点，提高品牌知名度；二是不压货，保证资金的运转。

小米抢购式爆品能够玩得起来的一个根本原因在于粉丝人群。小米产品的用户主要以年龄从20到30岁的年轻人为主，包括在读或刚毕业的大学生、硬件发烧友、软件工程师、手机游戏玩家等，这些用户有一个共同特点：他们希望能买到超高性价比的商品，为之“发烧”的同时也甘愿等待。小米抓住了他们的心理，也培养了一批忠实的拥趸。

【痛点解析】

该案例的爆品驱动因素：宣泄——情感表达。

如何让中低价产品变得富有价值感呢？小米采取的是物以稀为贵策略。

让用户费尽周折好不容易才抢到，抢到的又是限量版的高性能手机，那么，即便是低价产品，也能让抢到的人在心理上感觉高端大气上档次。抢到小米手机的瞬间，其情感体验不亚于果粉儿们抢到iPhone。

因为得来不容易，抢到小米手机的人多会在社交网络“晒一晒”，在他们的感染下，那些本来不关注小米手机的人，也知道了小米品牌。身边人都在讨论小米手机的时候，出于好奇心，不关注的人也开始了解起小米手机，并不由自主地当起了“病毒传播者”。通过人们之间各种途径的交流，小米手机实现了品牌的输入与推广。

陈／轩／点／评

“饥饿营销”是把双刃剑。有不少用户指责小米公司所采取的“饥饿营销”策略，吊着大家的胃口，却让用户在短时间内根本买不到心仪的手机。不过，骂声也意味着关注。用户关注度有高峰，小米利用这些高峰来安排报道。这样，在有些时候，并非媒体为小米带来搜索，小米甚至可以反过来给媒体带来流量。小米不仅仅在卖手机，同时也在卖流量给媒体。

一首《江南style》横空出世：创造了新的吉尼斯世界纪录

【案例简述】

2012年，一首神曲《江南style》横空出世红遍全球。这首歌曲是韩国音乐人朴载相的一首K-Pop（Korea-Pop的简称）单曲，7月15日正式发布于YouTube社交网站，上线一周获得6000万点击量，不到三个月创造了一项新的吉尼斯世界纪录——以220万个“喜欢”的好成绩，成为了YouTube历史上最受人“喜欢”的视频，并在YouTube拥有3.25亿次的点击量。同年12月21日UTC（协调世界时）15：50左右，《江南style》成为互联网历史上第一个点击量突破10亿大关的视频。

《江南style》（Gangnam Style）是韩国歌手朴载相的一首单曲，歌名“江南style”描述的是韩国首尔的江南区，一个众多上流社会聚集之地，象征着富裕与时尚、高档与奢华。朴载相和其他舞者在视频中穿着艳丽夸张的服装，做着诙谐搞笑的舞蹈动作，配上动感夸张的音乐旋律，作品的本意是讽刺韩国某些人穿着艳丽、动作粗俗，所谓的“江南style”，其实是嘲讽爆发户装绅士、淑女。

相比于歌词和寓意，韩国国外的粉丝更感兴趣的则是朴载相独创的“骑马舞”：身形偏胖的朴载相，不断重复着扬鞭套马、策马狂奔的动作和耍贱的表情，配上动感十足的音乐节奏，让人莫名地产生了跟着一起舞蹈的冲动。

《江南style》在获得超高人气的同时，开始频繁出现在各大音乐颁奖晚会的舞台上：美国洛杉矶2012年全美音乐奖（新媒体奖）、德国法兰克福2012年MTV欧洲音乐奖（最佳录影带奖）、韩国首尔2012年Melony音乐奖（最佳歌曲奖）、中国香港Mnet亚洲音乐大奖（年度最佳歌曲奖、最佳录像带奖）等。

《江南style》还引起了政界的注意，联合国秘书长潘基文、美国总统奥巴马也成为《江南style》的粉丝，认为这样的作品可以带来力量与热情。与此同时，这段舞蹈还频频出现在运动场、音乐比赛、喜剧、派对等场合中，是活跃现场气氛的首选歌曲。

此外，各种翻拍版本也接连亮相，中国Style、周星驰style、雪姨版style、植物大战僵尸style、魔兽版等各个版本也纷纷受到网民喜欢，网友表示：地球人已经无法阻挡《江南style》。

【营销亮点】

《江南style》在营销过程中，实现了从普通人到名人，再由名人传播给更多普通人的过程，作品发布在全球最大的视频分享网站YouTube，用一种平民化的方式，将视频展示在全世界的用户面前，为之后的宣传做了有效的铺垫。从点到面的扩散方式，为歌曲迅速获得大量的点击量，而诙谐的舞步和清晰明快的节奏吸引了众多人学习模仿，将《江南style》推向了各大平台的首位，成为了全球网友皆知的歌曲作品。

《江南style》走向全球，得益于数位世界级明星，如小甜甜布兰妮、安妮·海瑟薇、罗宾·威廉姆斯、凯蒂·佩里等，大牌明星自发成为了《江南style》的传播者，对全球粉丝的影响不容小视。《江南style》的无版权政策，使得全球粉丝都可以录制属于自己的“style”上传分享，实现了全世界的模仿狂欢。

【痛点解析】

该案例的爆品驱动因素：宣泄——搞笑。

《江南style》看似描述首尔江南区奢靡的生活状态，实则隐含着发福、大众化长相的中年大叔，对于真正“江南范儿”的调侃，这种反讽的意味，与大众产生心理共鸣，成为歌曲的一大亮点。而视频中的骑马舞，诙谐搞笑，简单易学，节奏感强，成为大家宣泄情绪、娱乐自己的首选。

陈／轩／点／评

诚然，《江南style》的成功离不开歌手朴载相扎实的音乐功底和独创的“骑马舞”，但是这首歌曲能火得一塌糊涂的一大根本原因。还有一个重要原因，就是朴载相放弃了版权。没有了版权限制的《江南style》，才能引发各路明星争相模仿并分享，带动粉丝开启了仿制模式，使视频在全球范围内迅速走红。

神曲《小苹果》：一时间火遍大街小巷

【案例简述】

“你是我的小呀小苹果，怎么爱你都不嫌多……”2010年，一曲《老男孩》打动了多数网民，质朴温暖的旋律给我们留下了深刻印象，这首歌曲的演唱者——筷子兄弟，也以温暖治愈的大叔形象，走进了大众的视野。然而，正当大家都认为这个组合以深情歌曲继续发展的时候，他们却一改往日风格，创作出一首全新的迪斯科类舞曲——《小苹果》。很多人都以为《小苹果》是因大妈跳广场舞而爆红的，其实并不是。

2014年，北京光彩影业传媒有限公司（以下简称光彩影业传媒）投拍电影《老男孩之猛龙过江》，因为没有知名演员参演，所以遭到的反对声音很大，几乎没人相信这部片子能赚钱。

于是，在影片正式上映前，光彩影业传媒在网上对《小苹果》进行了病毒式的引导推广——2014年5月29日，《小苹果》作为电影《老男孩之猛龙过江》的宣传曲率先登录网络，短短24小时内播放量就超过了500万，创造了电影宣传视频播放量的最高纪录。6月6日，“小苹果”登上新浪微博热门话题榜第一名；6月10日，《小苹果》横扫各大主流音乐网站榜首；6月13日，《小苹果》占领其他视频网站首位，网友翻唱视频层出不穷。截至6月24日，优酷共计推出27支小苹果相关视频，累计播放量3468万。此后，中国大妈听着《小苹果》跳广场舞的视频蹿红，《老男孩之猛龙过江》首周票房就达到1.53亿元。

《小苹果》在赢得广大群众喜欢和热捧的同时，也收获了丰厚的奖项，2014年11月23日，第42届全美音乐奖在洛杉矶诺基亚剧院举行。筷子兄弟演唱的歌曲《小苹果》获得第42届全美音乐奖“年度国际最佳流行音乐奖”。2014年12月3日，2014亚洲音乐大奖在香港举行，“国民神曲”《小苹果》再次夺得“中国最受欢迎歌曲奖”。2014年12月30日，入选“2014青春的选择年度盛典"完整节目单。歌曲《小苹果》也真正成为了2014世界金曲。2015年1月8日，筷子兄弟凭借歌曲《小苹果》获得第十四届华鼎奖华语年度最受欢迎单曲与华语年度最受欢迎组合两个奖项，同年2月18日登上央视春晚舞台，与凤凰传奇及北京群众艺术馆共同表演作品《最炫小苹果》。

【营销亮点】

从病毒内容设计上来看，筷子兄弟之前塑造的正能量形象已经奠定了基础。此外，《小苹果》看似神转折曲风，实际上也跟“怀旧、青春”有关。《小苹果》采用的是复古迪斯科风格，目的就是为了让筷子兄弟此前积累的粉丝瞬间回到去舞厅跳迪斯科的年代。《小苹果》看似简单，为了做到这个简单，筷子兄弟实则煞费苦心，曲子前后改了40多遍。取名《小苹果》也颇为讲究，因为苹果是人们最爱吃的水果之一，用苹果比喻珍爱的人和物十分贴切，也比较容易传播。

从传播路径上来看，《小苹果》与筷子兄弟往常的歌曲一样，首发于优酷，随后在各大网站陆续发布了40款左右的相关视频，包含MV中的舞蹈分解教学、广场舞、游戏、轨道交通等版本，在《小苹果》MV获得千万点击量的同时，这些相关版本也得到了百万以上的点击量，迅速传播给了更广大的人群。同时，这种宣传曲在前、电影在后的营销模式，也给电影《老男孩之猛龙过江》吸引了更多眼球。据优酷统计，在近5万网友的投票中，85%的网友表示“一定会购票支持电影”，这种模式为互联网电影营销开辟了全新的道路。

【痛点解析】

该案例的爆品驱动因素：宣泄——搞笑。

《小苹果》歌词逗乐，朗朗上口，节奏活跃，舞步简单，加以“筷子兄弟”的恶搞表演，一经发布就掀起了全民模仿、翻唱的浪潮。在动感的音乐中宣泄烦恼，释放激情，成为现代都市人一大解压良药。

陈／轩／点／评

“你是我的小呀小苹果，怎么爱你都不嫌多”，这句病毒歌词，非常适合恶搞，且看网友的发挥：“你是我的小呀小苹果，6千来块都不嫌多。超大的屏幕温暖我的心窝，点亮我生命的火——火火火火！”“你是我的小呀小苹果，诚信考试一定会过。自信的眼神是复习的结果，不作弊铁定会过，过过过过。”除了年轻人的喜爱，《小苹果》取代了《最炫民族风》，变身为广场舞大妈们的最爱，同时也深受小朋友们的喜欢，成为各表演场合的首选歌曲。可以说，《小苹果》已经成为全民皆知的神曲。

多芬《演变》：社交网络小视频不小心获得了戛纳奖

【案例简述】

2017年，《Evolution（演变）》这支原本只在YouTube上播放的视频广告，使得多芬在当年的戛纳广告节上一举成名。

广告开头，一个叫斯蒂芬妮的普通女孩，坐在镜头前，穿着普通的衬衫，没化妆，脸上还带着清晰的小雀斑。接下来，镜头开始快进，一组组专业的化妆师、美容师对她进行“加工”，长相普通的斯蒂芬妮在众人的注视下，脱胎换骨般变得脸色光润，眼睛迷人，头发飞扬，充满魅力。接着，又通过计算机软件对她的照片进行处理，拉长脖颈，提升眉毛，放大眼睛，梳理发型，把鼻子、脸颊、额头变窄，把嘴唇变得更丰满……最后，平凡的斯蒂芬妮变成明星般光彩照人，被放到广告牌上。片尾出现多芬的广告语“no wonder our perception of beauty is distorted”（当你知道这一切时，为什么我们对美的感知会被扭曲也就不奇怪了）和一个“自我评估基金”的邀请。

化妆能让丑女变成美女，女性朋友们早有耳闻，但多芬第一次用广告让大家见证了人工美女化妆前和化妆后的雷人差别，而且只用了一分钟的时间。

【营销亮点】

古代文人用八个字形容一个人的文采好："不着一字，尽得风流。"这八个字很适合形容多芬的这则广告。

这段视频的厉害之处在于，从头到尾没有出现任何叫卖产品的片段，仅用内容本身深深触动每一位女性心灵深处对于美丽的困扰和诉求。

在联合利华2003年的一份全球调查中发现，在被调查的3200名女性中，只有2%认为自己是美丽的，因此其旗下多芬品牌，转而推崇"真实而自然的美"，意在改变大众对"美丽"的定义，帮助女性重塑自信。

病毒视频中无情揭露了"人工打造"出来的美需要费尽周折，而且欺骗性很大，这样活着很累，完全是一种不自信的表现。女人如花，应该对自己的魅力充满自信才对。

多芬的产品向来讲求自然、温和、滋润，它不像广告中化妆的效果一样立竿见影，而是追求顺应自然地"演变"，这才是每个人应该追求的"真美"。

高明的广告不需要过多推销自己的产品，它会让人禁不住去想：这个片子和这个牌子的产品有什么关系？

【痛点解析】

该案例的爆品驱动因素：宣泄——情感。

当电视、杂志全部被美若天仙、令人瞩目的美女、明星、模特所充斥，甚至一些广告教唆只有整容、整形才能获得美丽，这无疑给普通的平凡女性造成了更多的压力和不自信。

多芬无情解开"美丽"的真相，鼓励女性以积极的态度看待自身形象，传递了美丽的新定义——无论是高矮胖瘦还是年龄长幼，美丽就存在于每一个真实的女性身上。正是多芬所倡导的这种自然与自信的美丽、真实和内在的美丽，帮助女性从扭曲的“人造美”的束缚和压力中解脱出来，重新树立信心，也理所当然征服了女人的“心”，自发地转发、传播、使用“多芬”品牌的产品。

陈／轩／点／评

这则成功的视频广告有多个可圈可点之处。首先是这种纪实的拍摄手法，将化妆前后的对比，丑女变美女的巨大反差，真实地展现在观众面前；其次，其所宣称的广告词也堪称精妙；最后结尾的公益邀请，更显得友好而毫无商业气息。这些都有利于促进网民的自动转发。

电影《失恋33天》：投资1500万却赢来3.5亿票房

【案例简述】

《失恋33天》在中国首次将“索罗门营销”运用到电影营销当中，并取得了极大成功。“索罗门营销”由著名风投、美国KPCB风险投资公司（Kleiner Perkins Caufield & Byers）合伙人约翰·杜尔于2011年2月提出。“索罗门营销”由“Social”（社交的）、“Local”（本地的）、“Mobile”（移动的）三个单词的开头两个字母组合而成的，连起来说就是“社交本地移动”，即社交+本地化+移动。

当初《失恋33天》这部低成本小制作的电影，没有靠大名气的明星和大量广告投入，主要是靠前期微博上的口碑传播，成就了中国电影史上一个票房奇迹。

在这个国产电影每逢好莱坞大片必成炮灰的环境里，总投资不到1500万的《失恋33天》在四部好莱坞大片围追堵截之下，一举斩获了令人乍舌的3.5亿票房，是当初预估票房数的十倍还多。《失恋33天》的成功无疑给电影营销界打了一针兴奋剂，用不到1500万投入带来3.5亿票房，其中病毒化营销起到了关键作用。

《失恋33天》在网络世界大肆推广之前，做了一个主题名为《失恋物语》的系列病毒视频。制片方在全国7个城市分别拍摄了14个有关“我失恋了”的短片。让选中的年轻人亲述自己的失恋经历，作为病毒种子，以求引发共鸣。

这些短片引发了80、90后年轻人的热情互动。短片发到微博之后，赢来网友自发拍摄上传了20多个不同城市、不同方言、不同版本的《失恋物语》。网友的积极参与，让失恋物语成为一个影响力巨大的流行话题，从而带动了大家对电影的关注。

加上《失恋33天》的剧本本身是网上的一个热门帖子，拥有150多万忠实粉丝，所以预告宣传很快就引爆了。

制片方趁热打铁，又策划了一个“失恋博物馆”的落地活动。在微博上征集各种分手信物，失恋后的心情感受，疗伤歌曲等，前后连贯的主题，令“失恋”话题深入群众，“失恋物语”系列在各大视频网站的播放量超过2000万，百度指数从13万被拉高到17万。其中，失恋信物“猫小贱”一度在网上卖疯了。

【营销亮点】

病毒在网上引爆，目标定位是关键。因为是小制作电影，所以《失恋33天》制片方最初的最低预期是2500万到3000万票房。宣传团队根据这个目标，圈定了两个范围——大学生和办公室白领。

当时，大片深得传统渠道的青睐，更容易赢得报纸的大版面、电视栏目的邀约，以及门户网站的重要位置，小片的日子很难过。《失恋33天》宣传团队发现，年轻人其实对这些主流渠道并不是很感兴趣，于是就决定不和大片争夺常规渠道，而是选择了年轻人活跃度较高的新浪微博和人人网。

仅在微博平台，《失恋33天》除了打造官方微博，还打造了很多像失恋33天经典语录、失恋33天心语等微博号，这些号粉丝量都超过10万。通过庞大的微博矩阵，展开了同80、90后的话题互动。

后来的效果证明，《失恋33天》的人群定位非常精准：所有往院线打电话来订票的人，都对这个片子非常了解，是清一色的80后和90后。

【痛点解析】

该案例的爆品驱动因素：宣泄——情绪。

失恋是古老的话题，是年轻人的“硬需求”。年轻人在恋爱选择上相对开放，失恋成为了“国民现象”。但是，失恋的痛苦对于任何时代的人来说，都是绕不过的痛苦体验。失恋的人都需要宣泄，《失恋33天》抓住了这群人，第一次在网上营造平台，供大家释放情绪，一起笑着哭，一起互相治愈。

陈／轩／点／评

《失恋33天》前期宣传选的时机很好——2011年11月11日，这一百年一遇的世纪光棍节，在这一天发布失恋话题特别应景。《失恋33天》成功的意义还在于，它打破了国产电影“海报+售票窗口”的原始营销模式，成为后期电影宣传效仿的标杆。

“少放鞭炮和不买鞭炮”：如何引发全民讨论

【案例简述】

2015年2月，一张照片在微博和微信朋友圈中疯传。照片中的主人公是一对环卫工夫妇，两人站在街头，手举一张心形卡片，上面写着：“年轻人，少放点鞭炮！让我老伴早回家过年！”这张照片被人民日报等媒体官微转发，众多明星在微博上纷纷响应。“转起来！为这份朴实而深厚的爱情约束下自己，也为了第二天的蓝天做些许贡献。”何炅、任泉等不少明星转发了这张照片。

照片中的奶奶叫周素琴，今年67岁，干环卫工作已经14年。她老伴叫艾绍立，今年66岁，做了6年环卫工人，他们都是延安人，连续几年年夜饭都是在大街上吃的。陕西延安宝塔区柳林镇燕沟社区的工作人员李荟，为了减少门面、酒店的放鞭炮量，就拍了这张照片，目的是“希望大家对环卫工作多一份理解，珍惜环卫工人的劳动成果”，随手发在朋友圈，没有想到传播那么快。

让李荟更没有想到的是，竟然还会有反转剧情。有网友转发另一张图片：一位老农手拿一挂鞭炮，祈求孩子们多买些，让他早点回家和老伴过个团圆年。这张图片让大家关注到另一个现实，春节期间，不少人通过销售鞭炮，赚点零花钱，“鞭炮大爷”也是其中一员，若不早早卖完鞭炮，他们也回不了家啊。

两张对立的照片让国民一时“凌乱”了，“鞭炮到底该不该买”的讨论就此展开。喜欢放鞭炮的人认为前者是“道德绑架”，让大家过年没有了乐趣，失去了“年味”。再说了，解决环卫工人过年回家难问题的，应该是他们的领导，而不是放鞭炮的人。每年被鞭炮声吵得不胜其烦的人，则认为燃放鞭炮不仅扰民，还因为产生垃圾而给环卫工人增加了负担。

这两张病毒照片引发的全民讨论，间接促成了这一事实：过年放鞭炮的管控力度越来越严格了。

【营销亮点】

首先，我们来看看这张图片传播的时间点：2015年2月，也就是春节前夕，这个时间点历来是病毒传播的黄金时间之一，在这个时期释放病毒内容，很容易引起“国民”互动。

其次，我们再来看看它选择的平台——微信朋友圈。需要指出的是，2015年1月25日，微信朋友圈首批三条广告上线。这三条广告分别来自可口可乐、Vivo智能手机和宝马汽车。也就是说，朋友圈营销在2015年年初正式打响，所以，这两张图片能够刷屏不难理解。

【痛点解析】

该案例的爆品驱动因素：宣泄——情感。

看似尖锐对立的两个问题，实质上却属于同一问题。因为这两张图片都在拷问着我们的良心，体现着社会的冷暖，验证着我们的智慧。这道选择题表面上看似有矛盾，其实它们有一个共同点，都出自于网友的爱心。不论是网友选择同情环卫工少买鞭炮，或是通过买鞭炮帮助卖鞭炮的老人早回家，其出发点都是好的，都是爱心的体现。

照片为什么会被大家不断转发，引发大家的共鸣呢?

首先，主要是因为环卫工人是一个边缘群体，容易引发大家的同情。其次，少放鞭炮也是大家共同的心声，鞭炮放与不放历来就是社会讨论热点，环卫老人与“鞭炮大爷”爆红恰好是这对冲突的体现。

陈／轩／点／评

2014年，美国市场研究公司尼尔森发布过一份调查报告：在整个亚太地区，约有62%的中国网民倾向于分享负面评论，而全球网民的这一比例是41%。围绕鞭炮的两极对立，让我们看到中国网民并不都是负能量载体，大家也是很富有爱心和正能量的。总体来说，围绕放不放鞭炮的照片分享，让整个互联网荡起了温情。

《谢谢你爱我》：
4天5000万阅读量的火爆原因

【案例简述】

2017年9月14日晚，微信公众号“视觉志”一篇《谢谢你爱我》刷爆了朋友圈，刷新了大家对微信公众号的重新认知：4天时间，阅读量破5000万，17小时后阅读1500万，21小时2300万，一篇文章为其增粉65万。“视觉志”可能是当下阅读量最高的担当者。

《谢谢你爱我》这篇文章的内容形式，以文字+gif图片/静态图片呈现，共有18个故事，每个故事都是独立的单元，讲述的都是极具正能量的感情，人与人、人与动物、动物与动物等等。该文和其他常见的情感类文章最大的不同是，诚意满满。很多鸡汤类情感号推送的文章，都是攒的，有些故事虚虚实实，让人分不清到底哪些是真哪些是假。

视觉志的爆文，最大的特色就是“真实”。比如2015年火遍朋友圈的《李世民栽了棵银杏树，美了1400年》，也是这个风格。

视觉志如今专走真实的正能量路线，其实源自早期的运营挫败。早在2015年，视觉志的粉丝累积到300万、10万+爆文跌出的时候，却惨遭封号。封号的原因，有思想问题，也有抄袭问题。所以，重新开始运营的视觉志，干脆转型走正能量原创路线。

【营销亮点】

视觉志的运营，有两点非常值得学习：

1. 团队协作

有人说这篇文章的火爆因为偶然，其实不然，这是偶然中的必然。这篇文章信息量很大，选题切入点很好，而且是长期素材库储备的结果。视觉志的运营，强调的是团队作战。

其团队基本流程是：早上，所有编辑开始找各种感兴趣的素材，选中之后带着自己的观点和思路进行沟通交流，提供不同角度，达成共识后再自由创作，晚6点截稿，提供完整作品，团队开始讨论，删减、排除不合适的内容，修正逻辑问题，优化标题和结尾，最终发布。

2. 矩阵玩法

关于粉丝基础，哪个草根大号的得到是容易的呢？视觉志当初也是从一点儿粉丝开始的，靠矩阵玩法才慢慢累积起粉丝群。

视觉志的创办者是一群草根，他们不在北京，而是在二线城市。2013年3月起，创办者沙小皮开始辞职正式运营账号。前期粉丝积累靠爆款内容+公众号矩阵。视觉志发力文艺摄影、情感故事、文摘、漫画、女性、教育、电影等泛垂直领域。通过这些公众号矩阵不断喂养不同内容，通过跟粉丝的频繁互动，栏目的人格化，相互导流，最终形成了庞大的粉丝基础，“反哺内容”，催生大量爆款内容。

沙小皮在公开传授经验时很坦诚，他认为，内容创业的最优发展路径，也是利益最大化的发展路径，就是做矩阵。

【痛点解析】

该案例的爆品驱动因素：情感宣泄 + 价值观强调。

这篇文章能火遍朋友圈就一个字：哭！它精选的故事都很催泪：看到自

己的弟弟在哭，这个没有手臂的小男孩努力地用嘴叼着奶嘴递给弟弟；邀请环卫工一起坐在后备箱躲雨……几乎每一个故事都让人忍不住落泪。

引发朋友圈的大量转发，一方面是因为感动，引起很多人一起感动的共鸣；另一方面，也是一种价值观的强调：我是一个正能量、有社会良知的人。

陈／轩／点／评

《谢谢你爱我》的超级火爆向我们证明：喧哗和躁动再多，正能量也是主旋律。哗众取宠的泡沫过后，内容营销趋向内容本身。

网易云音乐地铁广告：从群众中来，到群众中去

【案例简述】

2017年3月20日，网易云音乐包下了杭州地铁1号线的车厢以及江陵路地铁站，发起了一场名为《看见音乐的力量》的营销活动。

这场名为“乐评专列”的营销活动，是由网易云音乐副总裁李茵所带领的团队完成，没有广告公司的参与，也没有大手笔的费用预算。他们从网易云音乐应用平台上的4亿条评论里，按照点赞数进行排列，精选出5000条精彩乐评，再用人工筛选的方式，最终筛出85条，把它印刷到杭州地铁一整条地铁列车上面，包括天花板、地板、两边的车身、站台的包柱上，一个个对话框里面全是评论。

网易团队找了最有感受力、最感性、文案功底最强的人，去筛选这些文案，我们可以看一下：“多少人以朋友的名义默默地爱着”“哭着吃过饭的人是能够走下去的”“最怕一生碌碌无为，还说平凡难能可贵”“别人稍一注意你，你就敞开心扉，你觉得这是坦率，其实这是孤独”“世界如此广阔，人类却走进了悲伤的墙角”“年轻时我想变成任何人，除了我自己”……文字简单，一语中的，即使脱离歌曲环境也能被理解，这也是后来这次营销能够被广泛传播非常关键的一点。

关于这次营销活动，网易在微信上的投放和传播效果非常不错。前后

获得2000次报道，总阅读量1000万，百度指数增长80%，微信指数翻了216倍，达到1亿3000万的峰值。在活动期间，网易云音乐的app下载量，从音乐系列排行榜的第三名飙升到第一名，免费排行榜从35上升至16位。网易后来还和农夫山泉合作，把乐评印到了矿泉水瓶上。

【营销亮点】

类似的地铁营销其实在之前也有，但是都没有像网易这么火爆“刷屏”。究其原因，网易云音乐这次抓的人群很精准：孤独的单身青年。

据国家民政局的统计，截止2016年，中国的单身成年人数量超过2亿，其中至少5800万人过着“一个人”的生活。其中20~39岁的年轻人达到2000万。有一份问卷调查显示，“空巢青年”面临的几大困境里，排名最靠前的是：缺乏感情寄托（57.9%）。

所以像网易云音乐这样，为“孤独”定制内容，开始成为新的消费商机。网易CEO也承认，他们内部对孤独的讨论非常之多。孤独的人，直击内心的文字，再加上地铁这么一个为梦想匆匆赶路的密闭空间，综合这些因素，使得网易的“乐评专列”在2017年的春天收获满满。

【痛点解析】

该案例的爆品驱动因素：宣泄——情感。

这些文字，引起了单身人士内心对“孤独感”的共鸣，无论是追求梦想、理想还是爱情。即使有很多聚会，用很多社交软件，一个人的孤独也难以清空，所以我们会听歌，用听歌来缓解孤独，还会分享歌曲的评论。它让我们的孤独显得不是那么单调，这也是网易云音乐能够增长快速、备受大家喜爱的重要原因。人们把这里当作一个树洞，孤独的人互诉衷肠、互相慰藉，这些走心的、真诚的、大量原生态的原创内容，成了最佳的营销素材。

陈／轩／点／评

用户自发生产的内容，无疑是网易云音乐最核心的竞争力，也成为其营销活动的不竭来源，所以后来又有了与农夫山泉的跨界合作，将乐评词搬到了矿泉水瓶上。而网易所开启的地铁刷屏式的营销模式，也引来知乎、陌陌、天猫、芝麻信用等跟风模仿。

神州专车的“神”广告：靠迟到的Michael王魔性刷屏

【案例简述】

2018年开年，朋友圈突然被迟到的Michael（迈克）王刷屏了。

2018年1月底，神舟专车推出的H5，“Michael（迈克）王今早赶飞机迟到了”，成本不高，却一夜之间刷爆朋友圈，大众主动扩散，一天时间，浏览量超过300万。这无疑是典型的低成本获得大收益的爆品案例。

这支H5只有短短两分钟，却清晰地刻画了一个职场人清早赶飞机遭遇的各种糟糕情况：因迟到而一路飞奔，结果遭遇手机被撞掉，好不容易到了值机柜台，发现跑错了机场，想抓紧时间把文件发给领导，结果电脑没电，终于找了个咖啡厅充电，还被咖啡洒了一身，种种悲惨故事之中还穿插了应对领导不满和置疑的各种对话，让人如同身临其境。

【营销亮点】

第一视角，代入感强。

故事一开始就是Michael王的第一视角，急促的脚步和呼吸声，即使混杂着机场广播和旅客背景音，依然显著而清晰，将观众快速拉入到一种紧张焦灼的情绪中。

整个视频看起来略显“粗糙”，没有炫技、没有煽情，而正是这种粗糙，凸显了视频的真实感，引发了职场人的深深共鸣：遇到紧急时刻，不是电脑没电，就是手机没网，叫天不应，叫地不灵。Michael（迈克）王赶飞机的急迫仓促，遇到意外情况的手足无措，面对老板问询的紧张慌乱，带观众体验了一把争分夺秒。

【痛点解析】

该案例的爆品驱动因素：宣泄——焦虑情绪。

每逢春节，就是品牌炫技“走心”的时刻。然而，“走心”的多了，观众也就麻木了。神州专车这一波宣传，没有选择跟随节奏走心煽情，而是将视线集中在了生活的焦虑上。

剧情源于现实。Michael王赶飞机迟到的话题和场景，让观众很容易就产生熟悉感。一边忙着飞奔赶飞机，一边还要第一时间回复领导问询，同时还必须急中生智地化解危机，这种手足无措的焦虑感透过屏幕都能深切地感受到。尤其是平时谨慎做事的职场小白、经常出差的职场人士，更是感同身受。视频之所以能刷屏，是因为它就发生在大多数人身上。当今这个时代，焦虑已经成了日常生活中的常态、社会的通病。Michael（迈克）王就是我们生活中的每个人，焦虑的、拼命的、可笑的、努力的，就算不是赶飞机、赶火车，也是在焦虑中努力着生活。

陈／轩／点／评

一篇文章的爆红，标题至关重要。神州专车这个H5用了“Michael（迈克）王今早赶飞机迟到了”这一悬念式的标题，刺中的就是大众的好奇探索心理。选题新颖，内容走心，神州专车的这支新春H5，成为刷屏级的爆品案例在意料之中。

第七章

探索法则

激发互动与参与，亮出你的态度来

全球人都在玩的“冰桶挑战”：改变了慈善募捐玩法

【案例简述】

ALS Ice Bucket Challenge，即ALS冰桶挑战赛，是2014年兴起的一种慈善新玩法。这项慈善活动旨在呼吁公众关注肌萎缩侧索硬化症（ALS），一方面让更多人知道肌萎缩侧索硬化症（俗称渐冻人症）这种罕见疾病，另一方面也能达到募集善款帮助病人治疗的目的。

冰桶挑战赛规则要求参与者用一大桶冰水往头上浇，并在社交网络上点名其他三位好友接受相同的挑战，如果被点名者不接受挑战，则要给ALS协会捐款100美元。冰桶挑战最早起源于美国，随后迅速风靡全球，职业运动员、政客、商界大亨、明星大咖纷纷响应。

冰桶挑战最早开始于2014年7月15日，美国的高尔夫球员克里斯·肯尼迪上传了自己参与游戏的视频，并点名其亲戚参与该项挑战，这位亲戚的丈夫正是ALS患者。一天之后，亲戚应战并将挑战过程上传至Facebook。美国体育明星们纷纷加入，包括NBA球星勒布朗·詹姆斯、奥尼尔、杜兰特等，随后陆陆续续有更多人参与进来。从7月31日起，视频便开始了病毒式传播，小布什、比尔盖茨、扎克伯格、桑德博格、贝索斯、库克全都不惜湿身入镜。詹姆斯和歌手贾斯汀·比伯等多人挑战了美国总统奥巴马，奥巴马没有应战，捐献善款100美元。当年，约1700余万人参与到了这项冰桶挑战的活动，250万人捐赠了1.15亿美元（约7.14亿人民币）给美国ALS协会。美国时代杂志惊呼："冰桶挑战改变了慈善募捐。"

2014年8月18日，这一活动蔓延至中国，互联网中多名科技界大佬被点名。小米董事长雷军接受DST老板Yuri的冰桶挑战，成为首个参与活动的中国科技大佬，并点名刘德华、郭台铭、李彦宏参战。随即，各行各业的人士积极参与，使活动达到异乎寻常的传播与参与效果。

从2014年，8月17日到8月20日，刘德华、章子怡、金城武、周杰伦、谢霆锋、黄晓明、李冰冰、刘烨、王思聪等人参加了冰桶挑战，其中王思聪捐了100万元。截至2014年8月21日，互联网上出现了约147万个与冰桶挑战相关的网页。冰桶挑战在微博上的热度也不断升温，到21号中午12点，微博讨论量达到143.9万，阅读量更是高达12.9亿。国内的"冰桶挑战"捐款并没有超过"美国ALS协会"，而是通过新浪微公益平台捐赠给了"瓷娃娃罕见病关爱中心"，中心称"冰桶挑战"共收到善款800余万元。

【营销亮点】

"冰桶挑战"这种形式改变了单调乏味的传统慈善募捐方式，活动本身具有很强的趣味性和互动性，更重要的是很好地利用了明星效应，将名人与社交媒体结合，名人的参与又调动了粉丝团及广大网友的参与积极性，使曝光度和关注度最大化，并且能持续产生传播效应。

在病毒释放上，冰桶挑战并没有通过电视台、报纸等传统媒体大肆宣传，也没有专门聘请明星代言对其进行宣传和讲解，其传播途径主要依靠社交媒体，包括Facebook、Twitter以及中国微博、短视频社交App等等，浩浩荡荡的"冰桶挑战"活动却像病毒一样蔓延开来。

公众以这种自发有趣的方式进行社交的同时，推行慈善义举，带来的是多方共赢：通过这次活动，肌萎缩侧索硬化症（俗称渐冻人症）这一罕有人知的疾病名称得到了一次最为广泛的传播，同时也能发动了更多的人去捐款；对于名人而言，可以宣传自己、带来更多曝光度；对于企业家来说，则带动了企业宣传。

【痛点解析】

该案例的爆品驱动因素：探索——互动参与。

“冰桶挑战”是极为典型的探索驱动营销内容的案例，通过好玩刺激的冰桶游戏将ALS推广到全世界，科技界、体育界、演艺界著名人士全面参与，大获成功。事实上，2013年冬天，北美就曾出现了一个叫作“冷水挑战”的活动，被挑战者如不能跃入冷水中，就得向抗癌基金捐献善款。但是由于冬季挑战低水温，尤其是要跳入水池，参与度并不高。而“冰桶挑战”参与成本低，又有各界明星纷纷加入，他们本来就是十分活跃的社交媒体使用者，影响力巨大，使得“冰桶挑战”在社交媒体上迅速火爆起来。

这场活动的初心是为了公益。究其本质，这是一个慈善活动，出师有名，于是人人乐于参加。参与者认为自己站到了道德制高点，这个落脚点能让众人high起来后无后顾之忧。

陈／轩／点／评

探索是一个很有意思的驱动力，它不是强调和炫耀，它为你提供选择，就像一个游戏，只是邀请你互动参与，亮出你的态度。“冰桶挑战”遵循的是探索类营销的基本原则：不强迫，完全由参与者自己作决定。

谷歌邮箱邀请制：
不花钱玩营销的始祖之一

【案例简述】

2004年，觊觎免费邮箱业务很久的谷歌终于出手了，在全球率先推出1G免费邮箱，以抗衡雅虎和MSN。为了迅速推广邮箱业务，谷歌别出心裁，通过邀请制，不需要自己费时费力做推广，业务就像病毒曼延一样由用户自动传播开去，每个参与者都在帮自己宣传。邀请制使谷歌的Gmail（谷歌邮箱）推广取得空前的成功，从雅虎和MSN那里切走了蛋糕，引发了互联网界地震。

谷歌发明的邀请制如今看来很寻常，当时却很颠覆。当时的传播方式都是“强迫式”的，而谷歌的绝妙之处就在于让受众变成了传播者。

免费虽然具有吸引力，但是在此之前，免费邮箱在网络上存在很久了，1G大容量只是一个筹码，目标人群不见得买账。为了玩转免费邮箱，谷歌做了很多方案。考虑到所面对的对象是最难沟通的目标消费群体——网民，这群“看不见的人”的可怕之处在于：只会伸手拿有用的资讯，对广告信息一律无情撇掉。在这种情况下，传统广告对于他们来说，是不起作用的。

谷歌邀请制的具体做法分三步：谷歌首先在自己官方网站上宣布，网民有三种途径可以获得Gmail账户，由2004年3月21日开始，如果你是谷歌员工或亲友，那么可以使用，这次谷歌严格控制了使用邮箱的人数在1000人左右；4月25日开始第二阶段，在谷歌旗下的blogger.com的活跃使用者受到邀请，参与测试；最后一种方法是Gmail使用者不定期获得谷歌给予的邀请权，可以邀请其他人使用。

最终谷歌没费多大力气做宣传，就赢得了业内外媒体的广泛关注和议论。当时互联网上谈论Gmail，如社区、论坛，跪求Gmail的人遍地都是，甚至有人在ebay上进行拍卖，价格从30美分到30美金不等，拍卖数量超过上千条。

【营销亮点】

谷歌的厉害之处在于将产品变成了“礼物”。它别出心裁的产品包装，独特的邀请方式，一时间不仅给Gmail披上了神秘色彩的外衣，而且也增加了Gmail推广传播的可信度。同时，邀请方有一个挑选接受方的过程，对应的接受方也有一个认真考虑的过程，谷歌把甄选用户的权利下放到用户手中，等于减少了无效注册的情况。

【痛点解析】

该案例的爆品驱动因素：探索——互动参与。

首先，Gmail第一次突破1G容量，这本身就很能激发用户的使用欲；其次，一般人渴求某件得不到的东西时，身边的人又在介绍说它又是多么多么好，人的占有欲会驱使自己更加想得到它。测试中的Gmail不接受公开申请，而是通过谷歌员工等首批成功注册的用户对外发出测试邀请，即每个用户拥有若干个Gmail发放的权限，以邀请的形式发给若干个朋友，幸运者加入后各自也将拥有几个邀请资格，发放给更多的朋友。谷歌有意识地合理控制，反倒激发了用户的互动参与。

陈／轩／点／评

该案例运用的是稀缺法则，越是稀有的东西，越是吸引人。谷歌Gmail的成功在于创造一种稀缺感：与其他网站的邮箱不同，Gmail并不是你想拥有就能拥有的。其独特的邀请方式赋予Gmail象征意义，拥有Gmail可以证明：你是一个互联网活跃分子，对新鲜事物充满渴求；你有一定的渠道获得，说明你是一个有资源的社交达人……

把微信“抢红包”玩疯了：越过了支付宝和微博

【案例简述】

在现实生活中，如果地上有1块钱，绝对不会有一群人争着去抢，但在微信红包中即使只会拿到1分钱，大家也会抢得不亦乐乎。微信“抢红包”已经成为春节的重要活动，即使在平时，也会时常有人在群里丢个红包活跃气氛。

微信“抢红包”最早开始于2014年春节期间。1月26日上线后，迅速以病毒式的传播方式占据了多个微信群；1月28日，抢红包促成了全民狂欢的情景，很多人为了抢红包达到废寝忘食的程度；1月29日晚，抢红包系统因过于繁忙而出现短暂崩溃；1月30日，抢红包活动发起者与参与者由个人向法人“官微”蔓延。除夕夜参与红包活动的总人数达到482万，最高峰出现在零点时分，瞬间峰值达到每分钟2.5万个红包被拆开。这场突如其来的抢红包风潮，在马年春节使全国微信用户为之“疯狂”。

很多人抢了很多次红包，还不知道腾讯为啥搞这个活动。一些人还以为这是腾讯做的公益活动。

很多人信了微信红包开发者的话：“春节马上就要到了，我们希望开发一个好玩、有趣的产品。讨红包是中国人过年的传统习俗，相互之间通过这种互动让年味也更加浓厚。微信红包正是基于这样的初衷设计的一个好玩的小应用，大家可以在微信里互相祝福，感受新年的乐趣。”

微信的抢红包游戏让“过年送红包”的节日传统有了新玩法。但实际上，微信推出这个活动，目的是为了推广微信支付功能。微信支付功能在2013年8月才随着微信5.0版本诞生。春节退出“抢红包”活动，目的是增加和活跃支付用户数量。这样一种获取用户的方式既成本低，又有效，是腾讯最想要的新年“红包”。就连马云都形容微信抢红包活动是微信对支付宝发起的“珍珠港偷袭”。

【营销亮点】

事实上，抢红包并不是腾讯的专利，支付宝和新浪微博都做过类似的活动。支付宝上线的“新年讨喜”功能，通过关联通讯录或对方支付宝账号的方式实现。新浪微博推出的“让红包飞”活动，让用户通过转发、评论、点赞等方式获取抽奖机会。由于关系链脆弱，都没有此次微信抢红包制造出的影响力与传播力强。

而微信“红包”之所以引发如此“病毒式”的传播，原因就在于其拥有庞大的熟人关系网络，利用社交媒体的威力调动了用户的积极性，引爆了用户自发传播的热情，形成病毒式传播。

与支付宝从PC端积累用户的优势向移动端迁移不同，微信支付功能从诞生之日起，就是移动端的产品。

微信作为日常交流的工具，其好友关系都是平时积累的，更利于人群之间的互动和扩散。在微信中，分享是建立在用户彼此之间信任的基础上，所以用户也更愿意主动参与、分享。在微信关系链滚雪球效应的加持下，抢红包活动的传播效率和转化率很高。每个喜欢抢红包、发红包的人，都不自觉地成为了微信支付的免费宣传员，通过朋友圈、关系链进行传播，影响力成倍增长。

【痛点解析】

该案例的爆品驱动因素：探索——虚拟互动。

在“微信红包”功能的设计上简单易懂，抢红包的游戏过程简洁明了，打开红包之前不知道里面有多少钱，有些小期待和小兴奋，具有互动性、游戏性、趣味性、随机性等特点，进而激发用户探索、参与的兴趣。

微信通过两种方式派发红包：一种是普通等额红包，一对一或者一对多发送；第二种则更富有趣味性，用户设定好红包总金额和红包个数之后，就会生成不同金额的红包，从几分钱到几十元钱不等，从而为抢红包者带来更好玩的“拼人品”体验。抢到红包后再参与发红包的人不在少数。此外，限量的“抢”红包既满足了用户的好胜心，也让发红包的“土豪”心理得到了满足。

陈／轩／点／评

微信抢红包和童年时常玩的“抢座位”游戏有着相通之处，小朋友们绕着座位小心翼翼地转啊转，直到发令的一刻，一拥而上，先到先得。抢红包通过“抢”的动作，使其更具有游戏性，比支付宝“讨红包”的讨要性显得更为人性化。而且，微信抢红包不再是原先单调的“一对一”单向传播，而是充满了交互性。

支付宝“集五福平分2个亿”：实力反击微信支付

【案例简述】

基于微信“抢红包”活动的成功，支付宝来了次实力反击，坚决不能让微信每年春节都霸占流量高峰啊。2016年春节，支付宝重拳出击，策划了一个比单纯抢红包更好玩的“新春送福”活动，即集五福（和谐福、爱国福、敬业福、友善福和富强福）参与瓜分2亿红包。2月8号晚上零点准时开奖。

五福代表了个体对国家和人民的祝福，红包可领取现金，这项让参与者“名利双收”的游戏，很快就被玩疯了。淘宝通过活动达到了推广支付宝的目的，效果非常明显。

支付宝的这项活动比微信抢红包更厉害的地方在于，它的互动设计更量化、有难度，确保了参与人数，又拉长了活动时间。

活动要求，首先把支付宝升级到最新的9.5版本，在首页点击“新春送福”进入活动页面。没有支付宝的用户，想参与活动就得注册支付宝，这样支付宝很快得到了普及。有支付宝的用户，需要成功加10个及以上支付宝好友，才可以拿到3张“福”，这3张“福”字是随机的，可能是三张一样的，也可能是不一样的。你可以和朋友交换，实在集齐不到的，可以让朋友赠送。这是第一次小范围内的零散互动。

用户加满10个好友后送三个福，但是绝对没有敬业福。为了让大家觉得这个游戏真实，前期放出来的敬业福不到2000张，普通用户很少能集齐五福。那么问题来了，没有五个福就不能参与平分2亿的红包，那怎么办？很多人开始在微信、朋友圈互换，以及靠众筹等方式去求、吐槽敬业福，进而让更多的人知道，使活动得到了进一步的传播和推广。网络上甚至出现了很多关于“敬业福”的段子：江湖传言，4种东西找不到：长生丹、后悔药、绝情丹、支付宝的敬业福。

长达11天预热期的支付宝集五福活动结束后，根据支付宝集福活动页面显示，此次共有791405个人集齐五福，平分了2.15亿元现金，每人分得现金271.66元。而据支付宝官方微博透露，“敬业福”一共发了826888张。

炒作+互动传播+线上线下吐槽+春节气氛+放假+春晚的综合因素，让支付宝的营销活动爆发了。

【营销亮点】

微信抢红包火到被叫停的地步，而支付宝“集五福平分2个亿”活动为什么没被封呢？

因为活动设计得非常讨巧。爱国福、富强福、和谐福、友善福、敬业福，这些都是什么呢？这些都是社会主义核心价值观，在集五福的同时也全面宣传了社会主义核心价值观，非常符合主旋律。通过抢红包，这几条价值观，想不记住都难。

【痛点解析】

该案例的爆品驱动因素：探索——互动参与。

网络最流行的段子：“嘘寒问暖，不如打笔巨款。”支付宝打出的“平分2个亿”的宣传语是个巨大的诱惑，抓住了人性的弱点，人人都有发财梦，人人都愿意互动参与。所以，一张“敬业福”的价格甚至被炒到了上千元。

支付宝集五福活动不管是从设计到交互，堪称一流。活动的每个物件、每个细节，都透着浓浓的年的味道，虽然大家明知这是商业行为，明知道这就是广告，但人们在欣赏设计之美的时候，已经把广告这事儿给忘了，甚至开始欣赏和品评这个唯美的广告。

陈／轩／点／评

很多爆品火起来立即被封禁，用户尚未觉察到病毒设计者的意图所在，这就是爆品的悲哀了。所以在设计营销内容的时候，要多学习一下支付宝，可以主动向政策靠拢。

魔漫相机4天新增千万用户：火爆的秘密在哪里

【案例简述】

2015年，微信朋友圈曾一度被一幅幅黄色背景的漫画给刷屏。许多人干脆把头像都换成漫画版的了。那是魔漫相机的全盛时代。

魔漫相机堪称是世界第一款原创的将真人拍成幽默漫画的手机应用。在魔漫世界里，你快乐、阳光的一面将无限绽放。打开魔漫相机，每拍一次都会拍出不同的自己，老奸巨猾、甜美可爱，小清新、明星范……魔漫相机，“改变了很多人的生活姿态”。

魔漫相机与其他现象级APP不同的是，它没有昙花一现。魔漫相机在国外也相当火，在美国的App Store冲到了免费应用排行榜的前30名，澳大利亚是第2名，新西兰第3名，而在很多东南亚国家则占据了排行榜首多日。其中海外用户以泰国用户为主，很多明星与皇室成员都在使用。

据相关数据统计，自2013年7月上线以来，魔漫相机创下了全球移动互联网领域的多项纪录，如单日新增用户325万、4日新增用户破千万，上线6个月，注册用户达到6500万。单日头像上传2亿张、160多个国家和地区App Store总排名第一等。目前，魔漫相机的全球用户数已突破2亿。

2015年3月26日，在Facebook F8大会上，魔漫相机被Facebook评为“2015年度最佳应用”。

【营销亮点】

与魔漫相机同期的还有好几款同类型APP，为什么是魔漫相机大火而不是它们呢？

首先，走大众路线。正如创始人黄光明所言：“做产品首先要满足大众需求，如果做得太小众，就很难有爆发的机会。”只有拥有广泛的大众需求基础，才可能快速走红。

其次，产品基础好。魔漫相机推出时，同类产品在功力上尚有差距。魔漫的两位创始人，黄光明是微软出身，任晓倩是设计出身，且团队从事漫画人像创业已经四五年。最重要的是，两位创始人没有犯专业人士在创业时喜欢自嗨的毛病，而是一开始就在为大众考虑。黄光明认为，越简单，越傻瓜化，越有穿透力。历史经验也告诉我们，作为一款全新的APP，如果很难上手，那基本等于自取灭亡。魔漫相机在推出之时，可以说是简单到简陋。比如，只有数量较少的背景图，用户可选择的余地不多。黄光明和任晓倩对此十分坚持，认为这样才能加深品牌印记。

最后，赶上了好时机。魔漫相机推出时，当时微信朋友圈对创新类APP支持力度大，可以直接从朋友圈跳转到APP下载页面，这给魔漫相机带来了巨大的下载量。

【痛点解析】

该案例的爆品驱动因素：探索——虚拟互动。

魔漫相机火爆的根源在于它满足了80、90后的审美诉求。人类对艺术化和个性化表达的渴望从未停歇。智能手机的普及，催生了啪啪、美图秀秀等全新的自拍形式。和它们相比，魔漫相机升级了。

漫画对于年轻人而言，早已是生活中必不可少的元素。美国和日本的动画、好莱坞动漫大片，反复地在我们生活中出现。动漫及其周边产业的兴旺，证明漫画类产品是一个广阔的市场。所以，当魔漫相机用拍照+漫画的方式，让漫画人像变成一款所见即所得的产品时，很容易吊起年轻人的胃口。真人变漫画，好玩又有趣。

陈／轩／点／评

人类大脑偏爱能带来乐趣的事。漫画对具体形象的弱化，只保持五官、神态等基本要素，既可以让熟悉的人认识你，又保护了用户的隐私，让沟通、形象艺术化，有范儿，符合更多年轻人的心理特点，让枯燥乏味的生活变得好玩、有趣。所以魔漫相机才会引起用户进行自我秀，从而影响别人一起来参与这个游戏。

Hot or Not：靠42名好友引爆的一个网站

【案例简述】

人们衡量房屋、汽车、衣服等商品的价格都有一定的标准，但对人的长相评判却没有统一的标准。Hot or Not（热辣或不热辣）网站的创始人詹姆斯·洪和吉姆·杨，正是因为对一位姑娘的不同审美，引发了对互联网服务的思考，进而迸发灵感打造了这样一个为人的性感程度打分的网站。

2000年10月9日，Hot or Not网站的前身Am I Hot or Not（我热辣吗）上线了。只需要上传几张照片，由访客们给照片的主人公性感程度打分投票，从而以大多数人的审美为标准衡量一个人的美丑。当时，互联网服务的重点还是企业对企业的应用程序，这个有趣的新网站对普通人形成极大的吸引力。

网站成立一年之际，利润已近60万美元，之后的每一年都成倍增长。2004年，网站盈利达到400万美元；2006年7月，网站投票量累计达到13亿，成为第三大受欢迎的交友网站。两位创始人的故事登上了《卫报》《人物》《时代周刊》《新闻周刊》《娱乐周刊》等新闻媒体，詹姆斯更成为MBA同学中第一个登上《华尔街日报》的人。

2008年，出于对网络经营可持续性等方面的考虑，詹姆斯和吉姆以2000万美元的价格出售了Hot or Not。在Hot or Not之后，虽然出现了不少山寨网站，更有不少恶搞的模仿品也相继出现，但都不足以与Hot or Not相提并论。

起初，除了詹姆斯和吉姆这两位创建者之外，没有人知道这个网站的存在。他们俩先通过邮件通知了42名朋友，并在邮件末尾插入链接，很快便在网络上传播开来。

上线90分钟后，网站的用户数量以每2小时翻一番的速度快速递增；第一天结束后，有3.7万名用户访问网站；第二天，除了老访客之外，新的用户数量竟然突破了10万。网站链接的转发率达到20%-30%，用户们纷纷主动把网站链接转发给自己的亲友，随着点击量的迅速增加，网站在全国范围内受到狂热追捧，访客数量呈指数增长。上线2个月的时间，网站每天的浏览量已经达到700万次，拥有照片13万张；年底，网站已经列入尼尔森“25个最具广告价值的网站”名录，并且实现广告盈利10万美元。

不久，由于一位知名电台主持人在节目中把网站的名字念错，不少网民被误导至一家名叫“Am I Hot”（我热辣吗）的低俗色情网站。政府因此向詹姆斯寄出勒令停止通知函。为避免在网站域名上的纷争，詹姆斯最终将网站改名为“Hot or Not”，并充分利用媒体报道宣传，将访客导向新的域名。

【营销亮点】

这个案例是充分利用“负面评价”的典范。

Hot or Not网站实在太有吸引力了。无论是追求时尚的年轻人，还是在电脑前评头论足的中老年人，只要会上网，都可以参与到Hot or Not网站的评分中来，并积极分享出去。Hot or Not网站完全依靠用户吸引用户来实现增长，用户在使用产品的同时也传播了产品，凭借其强大的魅力形成爆炸性传播。

在网站的推广过程中，媒体报道也发挥了重要推动作用，有记者评价网站为“一个虚拟的人肉市场”“变态的时尚警察”，更多记者说它“有着令人无法抗拒的魅力”。

异常火爆的事物，通常受众面都比较大。人群通吃的一个必然结果，就是面临褒贬不一的评价。Hot or Not遭遇各种非议，也正说明了它的火爆程度。而这种意见不一的评论更进一步点燃了读者们对网站的兴趣，很多人就是冲着“负面评价”而去光顾这个网站的。

【痛点解析】

该案例的爆品驱动因素：探索——人际互动。

Hot or Not网站的设计简单有趣，用户积极挑选、上传自己的照片，让朋友、网友为自己的“性感美貌”打分；网友在网站上浏览照片、为照片主人公的性感程度打分，无论是看到值得欣赏的美女、帅哥，或是幽默搞笑的“奇葩”，都会心甘情愿地分享给自己社交圈内的朋友，形成二次传播。

陈／轩／点／评

吸引用户参与评论，是形成病毒传播的一个策略。这世上不存在不被评论的人。大部分人都有表达欲，喜欢对他人评头论足。这是人之常情，没什么奇怪的。同时，一般人都比较热衷分享自己评论过的事物，正是这种心理导致了Hot or Not网站的火爆和多次传播。

1天做到400万阅读量有点牛：用100元硬币如何做到

【案例简述】

2017年7月30日，深圳一家叫作“有点牛”的传媒公司，通过旗下公众号“广州印象”推送了一篇《我们把一箱硬币放在广州街头，供路人自取，结果出乎意料……》几个小时就刷爆了广州地区的朋友圈，仅1天多时间阅读量就突破400万，堪称现象级爆文。

这篇文章只是对一场测试活动的报道而已。

活动设计是这样的：工作人员在燕塘地铁站B口放置了一个盒子，里面装满了500多枚闪着银光的硬币，还在旁边摆放了一块醒目的告示牌：“如你急需用钱，请自取，每人最多5元。”希望这样能帮助有需要的人，让没带羊城通的上班族拿钱买地铁票，让没有零钱的人能搭上公交，甚至让没有吃午饭的流浪汉，拿钱去买个面包。

文章于7月30日上午12点40分在广州印象头条推送。发文1个小时，阅读量超过10万+，发文10个小时，文章阅读量达到150万，当天突破400万，点赞28000+，留言7000多条，涨了3万粉丝。文章发布当日已有10万余次转发。

随着公众号的增加，传播内容参差不齐，网信办开始出具“严规”，很多大号被封号。“广州印象”决定不跟风，不蹭热点，坚决传播正能量，文章主要以城市生活类为主，包括民生利好、城市情怀、本土文化、吃喝玩乐等，公众号的定位就是民生综合类账号。“广州印象”的内容基本上全部是原创，自己策划活动自己写。这次活动就是一次成功的尝试。

事实上，在“硬币测试”文之前，他们其实也写过类似活动的文章。比如自主策划并报道的广州“相亲角”文章、关爱外卖小哥生活的文章等。2016年7月份，“广州印象”就写出了第一篇170万+的文章，后来又出过3篇百万+。

【营销亮点】

从策划到文章推送，大概花了将近5天的时间。最关键的是花钱很少，当时为了做这场公益行动，去银行兑换了500元的硬币，活动结束，硬币只是被拿走了100多个。

这篇文章也很大胆，采用图文风，文字只有800多字，更多的想象空间留给读者看视频去感受。也正是因为文字少，才换来了留言多的结果。很多人觉得“听语音直播，上荔枝FM”是植入的贴片广告，其实并不是，而是策划团队隐蔽拍摄时不经意拍到的画面。

【痛点解析】

该案例的爆品驱动因素：探索——炫耀。

如同著名的冰桶试验一样，“广州印象”此篇推文的目的，就是激发更多人参与到公益活动中去。而许多当地人参与或转发这篇文章，目的很明确，就是要亮明自己的态度：我是有爱心的人，我热衷公益。

“广州印象”此次活动是微信“封号”背景下的一次新突破。它和新世相的实践证明，正能量内容的传播速度一点也不逊于媚俗内容。每次平台发布一些城市情怀类的内容，粉丝们都特别喜欢。

陈／轩／点／评

该案例带给我们的启发是，作为区域性自媒体大号，通过文章彰显社会担当精神，引导城市正能量，是一条产生爆文的有效途径。人们都倾向于关注与己有关、且能给个人形象增加分数的内容。2017年，很多人都在说公众号涨粉变现越来越难，“广州印象”却在不断突破。7月份，“广州印象”粉丝突破了100万，就连广州“有点牛”账号粉丝矩阵也突破了500万。用短短一年的时间，广州“有点牛”公司的几个账号都成为了广州本地排名前几的大号。

“漂流瓶”：把一摊死水的QQ邮箱救活了

【案例简述】

2010年9月28日，腾讯QQ邮箱漂流瓶上线，这是腾讯QQ邮箱提供的交流工具，可以与有缘的陌生人匿名对话，从而将真实世界和虚拟的互联网世界进行无缝连接，受到不少QQ用户的喜爱。

在QQ邮箱中丢个瓶子讲讲心事，一度成为网络时代人际交往的新时尚。QQ邮箱漂流瓶上线后第一天，发信量超20万，第三天超100万，经过半年多的运营，其活跃用户数量已超过千万，可谓风靡一时。后来，微博和其他社交平台也都跟风推出了漂流瓶，但只有QQ邮箱和微信至今仍保留漂流瓶功能。

很少知道的是，“微信之父”张小龙当时正是靠它激活了半死不活的QQ邮箱，在腾讯站稳了脚跟。

张小龙在业界的成名之作是Foxmail（一种邮箱）。1997年，张小龙几乎凭一己之力写出了Foxmail。Foxmail迅速积累了200多万的用户。后来，张小龙以1200万的价格将Foxmail卖给了博大国际互联网公司。

2005年，没落的博大将Foxmial以及张小龙“打包”出售给了腾讯，据后来的腾讯总裁马化腾说到，比起Foxmail，当时更看重的是张小龙这个人。

当时的腾讯跟MSN（一种即时通讯工具）正打得火热，邮箱业务一塌糊涂，张小龙在腾讯做的第一件事就是接手QQ邮箱。

张小龙推出了阅读空间和漂流瓶，终于把QQ邮箱激活了。QQ邮箱获得巨大成功，并一举夺得了全国第一的宝座。

漂流瓶展示出来的社交魅力启发了张小龙，同一年，他给马化腾写了一封邮件，建议腾讯做一个移动社交软件。马化腾只回了他四个字：马上就做。于是有了后来的微信。

【营销亮点】

“漂流瓶”属于电子邮箱的首创玩法，将社交功能融入电子邮箱。张小龙曾经引用《失控》一书作者的一句话说：“应用放上去后就有了自己的生命，会与海量用户互动，最后会形成什么样的互动结果和群体效应是我们不能控制的。如果用户很喜欢就是尝试成功，漂流瓶就是这样一个例子。”

漂流瓶是中世纪时期人们穿越广阔大海进行交流的有趣方式，密封在漂流瓶中的纸条往往包含着重要的信息或者衷心的祝福，投进大海的漂流瓶不知道将随着“大海”漂向何方，什么时候被何人捡到，充满着未知的神秘气息。发现一个可能从未知领域而来的漂流瓶，对于接收者而言或许是一种惊喜、神秘、偶然、期待……

QQ邮箱将漂流瓶搬到线上，非常迎合时代诉求。每个QQ邮箱漂流瓶都有个秘密花园，用户如果不想暴露自己的QQ头像，可以为漂流瓶更换新的头像，修改昵称、签名，将自己隐身在马甲的安全保护之下。漂流瓶的内容不限，祝福、许愿、个人介绍、不方便给熟悉人说的小秘密等都可以。用户把自己想说的内容装进瓶中，投入大海，等待一个回音，或是只当一份祝福，大部分人由于好奇都会点开看看。随着QQ团队不断优化，现在QQ邮箱漂流瓶已经有普通瓶、心情瓶、定向瓶、真话瓶、提问瓶、交往瓶、祝愿瓶、传递瓶八个种类，以满足用户的多种需求。

对于当时的用户而言，“漂流瓶”确实很新鲜。电子邮箱的传统玩法都是通过输入收件人地址以完成电子邮件的发送，而QQ邮箱漂流瓶颠覆性地引用了匿名邮件交流的模式。有些话真的不适合给认识的人说，对陌生人我们却可以放肆大胆地说出很多话。“漂流瓶”满足了心灵空虚的年轻人，特别是白领阶级的倾诉需求。同时，人们也能通过这种新的沟通渠道拓展自己的人际关系链。

【痛点解析】

该案例的爆品驱动因素：探索——虚拟互动。

QQ邮箱漂流瓶的应用界面简洁精致，游戏过程简单明了。QQ邮箱漂流瓶内容大部分以感情、倾诉信息为主，发信者不知道瓶子会漂到哪里，可以匿名地宣泄心情、倾诉内心；接收者在打开瓶子之前不知道发信者是谁，来自哪里，因此怀着惊喜、神秘、好奇、期待的心情打开。漂流瓶的趣味性、随机性等特点，激发了用户探索、互动的欲望。

QQ是中国使用人数最多的社交聊天软件，用户质量高，各行各业的人都有。数据显示，2010年3月，腾讯QQ最高同时在线用户数突破了1亿。QQ邮箱漂流瓶以一种匿名方式出现，而每一个点开漂流瓶的用户都是真实的。这样一个拥有庞大用户群而且又免费的工具，自然而然成为很多企业的营销利器。很多SEO都使用它来做定向营销推广，运用漂流瓶为自己带来流量和订单，将信息发布给指定地域、性别和年龄阶段的用户，进一步促进了漂流瓶的推广和传播。

陈／轩／点／评

《世界是平的》作者托马斯·弗里德曼认为，全球化分为三个阶段：第一个时期是哥伦布开拓新大陆，靠的是国家的力量；第二个时期是跨国公司推进了世界更进一步的融合；第三个时期是个人与个人之间在全球范围内的合作，使世界完全变成了一个村子。“QQ邮箱漂流瓶”和微信一样，都是把分散的人群黏合起来的一次尝试。

《四眼怪物》：一部小片引发美国影业地震

【案例简述】

《四眼怪物》是一部很独特的喜剧小片，电影大体的情节是这样的：克拉姆利是个害羞的电视制作人，他觉得让自己走出去并与女孩儿交往是件异常困难的事，于是他决定在交友网站上创建一个账号。然而在交友网上，克拉姆利从没有得到过回应。直到有一天，他收到了苏珊的邮件，一个认为女侍应的工作正在扼杀自己创造力的艺术家。苏珊也是个腼腆的人，她正在寻求一次“经典式”的约会。

两个人第一次的线下约会，克拉姆利带上帽子墨镜，扛着一个摄像机对苏珊偷拍并一路尾随她到地铁站，但并没有与苏珊面对面。苏珊收到被偷拍的视频后很惊喜，她回信给克拉姆利：普通的约会方式配不上这样一段被跟踪的经历，“我们应该想想更别具一格的约会场景，更有挑战性的”。于是他们开始了“禁言”式约会：递纸条、画图画、互相听对方ipod里的音乐，然后，开始互发视频……

这部电影更独特的地方在于，两位导演即是剧中的男女主角，主人公的名字与演员本人完全相同。美国主流媒体夸奖《四眼怪物》是一部“将纪实文学和奇幻精神相融合”的电影，“充满智慧、充满活力和无穷无尽的想象力”。这部电影后来也获奖无数，但是它一开始却无人问津，完全靠两位导演的独特玩法玩火。

辞去工作，在刷爆了7张信用卡之后，功夫不负有心人，克拉姆利和苏珊终于拍好了《四眼怪物》。《四眼怪物》很快被某电影节看中，并应邀参赛。随后，又获得了其他电影节共18份邀请，收获数个奖项，好评如潮。一切看起来如此顺利，好像两个人马上就可以过上锦衣玉食的生活了。然而，18个影展下来，因过去没有过类似影片发行成功的经验，所以《四眼怪物》没有发行商接盘。

克拉姆利和苏珊决定将视线锁定在网络上。他们先是将自己的经历做成视频日记晒在网上，吸引了大批观众。随后，他们把自己创作《四眼怪物》的经历打造成一档“真人秀”，每集3~5分钟，每月放10集。第一集节目就是二人爱情萌生的经过，该内容一面世就成了热门视频。随后，他们在YouTube、MySpace、iTunes和Google Video（谷歌视频）上传的每一个视频，都在极短时间吸引了数万人次下载，前7集视频累计下载量达到了50万余次。网民都成了主动推销员，不停地把视频进行传播和分享。

《四眼怪物》先是在布鲁克林博物馆上映了，470张门票在5分钟内就宣告售罄。除了在艺术影院上映，他们也在自己的网站开通了在线收看、DVD售卖、视频下载等。他们还与Independent Film Channel（某电影公司）达成了合作，将影片搬上了荧屏，并将DVD卖到了书店。

【营销亮点】

《四眼怪物》的诞生和传播，首先得益于数码摄影和制作技术的兴起。与传统胶片相比，它经济实惠；与数码磁带成本相比，35mm胶片价格要贵200多倍；并且数码设备更轻巧、方便，视频、电影终于不再只是专业人士的作品，有了数码技术，人人可操作。

其次，得益于互联网大潮的来临。社交网络是真正能够低成本打造影响力并创造利润的。彼时，MySpace已经有了7500万用户，而这些用户大多在30岁以下。《四眼怪物》上映前，克拉姆利和苏珊已经在互联网上不断贴出系列短视频进行预热，这种通过社交网络、堪比光速的口口相传，将影片的传播达到了一种前所未有的规模。连影院也开始用下载率、点击量等数据，提前吊足观众胃口，将线上受众引入到线下影院，赚足了真金白银。

【痛点解析】

该案例的爆品驱动因素：探索——猎奇。

克拉姆利和苏珊两个年轻人的数字影片，描绘了真实的生活，充满了天马行空的想象。更重要的是，他们在影片之前每周上传“真人秀”内容，为电影获得认可做了努力：无数次的重复拍摄与修改，奔走于各个影展之间与发行商周旋，当然，还有两人之间思维观念差异而引发的斗争花絮，甚至是两人严峻的财务状况。这些内容获得了大量同龄观众的共鸣，越来越多的人成为他们的影迷，并且深受启发，开始用视频的方式纪录并分享生活。

克拉姆利和苏珊将销售策略看作是对新经济主义和好莱坞模式的对抗：“如果能够通过打造我们自己的观众群，进而成功发行自己的电影，再把影片直接送到观众眼前而不需要层层环节，再利用观众的好口碑吸引到更多观众……这就形成了一个良好的正循环，并否定了发行商存在的必要性。”

陈／轩／点／评

基于经验分享的东西最吸引人，尤其平民偶像的事迹，一点儿不逊于明星所能带来的影响力。这就是这个时代的奇妙之处。

百事多力多滋著片：愿意花100万征集创意

【案例简述】

“Super Bowl”（超级碗）是美国国家橄榄球联盟的年度冠军赛。每次比赛都会举行盛大的庆祝活动，邀请很多流行歌手和音乐人现场演出。因此超级碗一直是全美收视率最高的电视节目，堪称美国版的“春晚”。超级碗吸引了很多广告商，像百事可乐、可口可乐、汰渍、百威、奥迪、英特尔、Google这些国际大品牌都愿意以500万美元的天价获得30秒的广告时段。

美国观众也乐于收看超级碗的广告，这得益于广告商的精心策划。作为超级碗广告的常客，百事旗下领先品牌之一——多力多滋在2006年推出了“Crash the Super Bowl（冲击超级碗）”的比赛。活动早在2014年开始面向全球招募，在2015年就成功吸引了来自澳大利亚、加拿大、英国、美国等全球29个国家的将近4900份的广告创意。这些广告创意由多力多滋粉丝在其官网中投票，票数最多的两部将在超级碗（美国国家橄榄球赛联盟冠军赛，每年约有1亿多人观看）中播放，并且大奖获得者还将获得100万美元巨奖，以及有可能改变一生的好莱坞环球电影公司现场工作一年的机会。

2016年是多力多滋“冲击超级碗”的第十个年头，也是最后一年。在这一年的参赛作品中，获Youtube关注量和点赞量最多的是《Ultrasound》（超声波）。病房里慈祥的医生和怀孕的妈妈看着B超镜像下已慢慢长大的胎儿露出会心的微笑，正在夸赞宝宝的健康和美丽。一旁的丈夫却不合时宜地咬着多力多滋的薯片，并发出清脆的声响。调皮的丈夫发现妻子肚中的胎儿似乎对薯片特别敏感，会跟着薯片来回移动而做出动作。生气的妻子对丈夫发出斥责并一把把丈夫的薯片扔了出去，没想到却惹的肚中的胎儿双脚一伸，随即一声婴儿啼哭的声音，广告到此结束。

百事广告在想象力的发挥上可以说从未让观众失望过。多力多滋薯片居然都能对尚未出生的胎儿有如此大的影响力，以至于让胎儿迫不及待地要降临。可见，这个薯片的魔力是有多大。

【营销亮点】

在这一系列广告创意背后，更经典的无疑是多力多滋发起的“Crash the Super Bowl”（击碎超级碗）的广告评比活动。以巨额奖金、宝贵的展露机会和工作机会作为诱惑，成功地吸引到众多的广告人和民间网友自发制作多力多滋的超级碗广告。可以说从开始的创意征集到大众投票，再到超级碗上的揭幕，多力多滋这种广告大赛的形式可谓赚足了眼球，还一不小心引领了广告众包的创意潮流。并且，依靠长周期的赛事也使得品牌形象在超级碗之前就获得了足够多的关注度，这对于快消品来说，毫无疑问，能带动产品的大卖。

多力多滋在设立这一比赛计划时也曾遭遇很大的质疑。的确，投资在消费者创作的广告上存在很大的风险，不过他们最终还是选择相信消费者汇聚智慧的创意。从十年的经验来看，消费者显然并未让他们失望。在过去的十年里，有21条来自消费者创作的多力多滋广告在超级碗上播出，根据某电视和视频分析机构的排名，在2010-2015年间其广告影响力位列第一，高于百事、可口可乐、百威等品牌。从市场来看，多力多滋依然是美国薯片品牌中的销量冠军，销售额一度超过第二名一倍以上。

同时，这种信任消费者的做法也为他们积攒了大量人气，Facebook上的点赞量超过1000万次，推特上也有54万粉丝，每一次大赛的入围视频都会成为话题，引来大量的讨论和围观。这项比赛在给多力多滋创造营收和话题热度的同时，更为可贵的是，也为年轻人提供了一个展现创意的绝佳平台。

【痛点解析】

该案例的爆品驱动因素：探索——猎奇。

从广告创意来看，包括《超声波》在内的多力多滋系列广告无疑都符合猎奇搞笑的传播定位。想象力丰富、脑洞巨大，且幽默搞笑，让人不得不爱。这也解释了为什么每次大赛的入围视频，都能引起广泛地关注和讨论。可见，猎奇和搞笑，是广告传播的最好介质。

有趣而脑洞打开的比赛，对于缺乏展示自我的机会的年轻人来说，无疑富有吸引力。富有想法的年轻人，在现实生活中总有“才华无用武之地”的感觉，所以他们很乐意参与这样的赛事，在比赛的过程去验证自己的能力以及丰富对世界的看法。

因此，在2016年多力多滋“冲击超级碗”十年之际，这场广告创意比赛在结束其使命之后也顺利地落下了帷幕。

陈／轩／点／评

移动社交媒体最核心的特点就是“互动”，而互动的本质又是平等。传统营销的传播模式是由内而外的线性思维，首先提炼企业想要表达什么，然后自上而下地传播出去。没有反馈和沟通，效果当然越来越差。而互动则是即时反馈，随时更新，不断换代，要求最精准和投资回报率最高的传播方式。在信息爆炸的互联网+时代，没有互动和参与就没有营销。

能“偷菜”的开心网：中国版的“脸书”

【案例简述】

近两年能够看到的有关开心网的消息，都是“开心网创始人的反思”“开心网黯然离场”。要知道，就在2009年，行业内外的大部分人还都认为，开心网非常有机会成为一家超级互联网公司。

2008年3月，开心网成立。在随后的三个月内，推出了“朋友买卖”“争车位”应用，因不同以往游戏的“耍贱”“暗黑”“易操作”风格，广受关注与好评，短短6个月注册用户增长到500万，浏览量过亿。2009年2月，开心网“买房子”应用推出“花园”项目，“偷菜”自此风靡网络、席卷网民生活。

偷菜游戏很简单，用户在自己的农场里种植各种各样的蔬菜水果，在植物成长过程中，需要像真正的农场劳作一样浇水、施肥、除草、收获。果实成熟以后，如果不及时采摘回来，就可能会被损友们偷走，当然用户也可以去朋友的农场里偷那些长成熟的果实。就这样简单的游戏内容，一下戳中了都市白领们的小心脏，数百万的白领们成为首批“偷菜”队伍的主力军，每天在“偷”与“被偷”中乐此不疲，甚至大半夜爬起来只为偷菜，“你偷了吗”成了大家见面的招呼用语。

随后广大学生群体以及更多的社会大众甚至退休在家的老人，都加入到偷菜大军，全民“偷菜”成为了一种社会现象。因“偷菜”而衍生了各种社会新闻：什么白领为了偷菜起早贪黑啊，什么老太太因老伴不帮忙偷菜要离婚啊……甚至带动了系列“衍生产业”：有人兼职代理偷菜业务，淘宝挂卖不同配置和级别的偷菜账号等等。

这股全民偷菜热潮直接拉动了开心网业务的直线飙升。截止到2009年12月初，偷菜业务开通以来短短十个月，开心网的注册用户近700万，页面浏览量超20亿，成为当时中国最大、最受欢迎的社交网站，被称为“中国版的‘脸书’”。在Alexa全球网站排名中，一度跃居中国SNS网站第一名、中国所有网站中第八名。在2010年，开心网成立仅两年时间，就实现了盈利，全年营收超3亿。

【营销亮点】

一个新兴事物的火热，一定是伴随着一个新的媒体形态或消费趋势而诞生的。开心网在国内大火，刚好是中国SNS网站刚刚兴起，人人网（当时还叫校内网，从名字就能看出来，主攻学生市场）、开心网是当时最具代表性的平台。人们在虚拟社交平台上生活、交友、体验，这种互动娱乐式的社交平台很快成为主流人群交际圈。当然，说到底，开心网成也社交，败也社交。正因为固守PC端的所谓“社交”，忽略了移动互联网的迅猛发展，在移动互联网兴起之后，开心网业绩开始大幅下滑，并最终被收购。

【痛点解析】

该案例的爆品驱动因素：探索——虚拟互动。

偷菜游戏简单易学，只要动动鼠标，就可以在虚拟的世界里种菜、施肥、浇水、除草、收获，享受田园生活。偷菜游戏也成为少数人的一种社交手段。在偷菜游戏中，和其他人找到共同的话题，拉近距离。

开心网“偷菜”游戏的第一波忠实用户是都市白领，他们渴望社交向往田园生活又局限于朝九晚五一成不变的生活。偷菜游戏的横空出世，给了他们一个最好的情感宣泄窗口。“朋友买卖”“抢车位”“偷菜游戏”最明显的特点，就是讲究互助互动，好友越多，游戏越有趣，既能体验种菜除草的田园生活，又能互相交流“偷菜”。好友多，偷菜成功的机会就更多，级别也就升得更快。因此，每个人都乐此不疲地到处搜罗好友，不断说服亲友加入“种菜”行列，“偷菜”大军也就越来越壮观。

陈／轩／点／评

虚拟互动的关键是解决目标人群在现实生活中无法完成的东西，帮助她们圆梦。快节奏、压力大的生活，让人们每天为了生活不停地奔波劳碌，通过在游戏中“偷菜”“抢车位”，获得金币、实现升级，满足了人们随性玩乐的心态。以“偷”为乐，偷来的菜换回金币，再回到游戏中买地、买房子，满足在现实生活中不能实现的梦想，可以很好地宣泄负面情绪，实现解压。

“新世相”30张免费机票：不到12小时涨粉11万

【案例简述】

2016年7月8日早上8点整，一篇名为《我买好了30张机票在机场等你：4小时逃离北上广》的文章在“新世相”微信公众号发布，迅速在朋友圈刷屏。

活动规则是：从文章推送出开始计时，只要在4小时内赶到北京、上海、广州3个城市的机场，新世相就送参与者往返国内一个目的地的机票，附上300块的酒店补贴。文章推送3小时，微信阅读就达到100万+，迅速涨粉10万；登上微博热搜，微博话题阅读量也达到552万。同时，通过时下热门直播平台“一直播”在北上广3个机场直播参与者赶到现场领机票的场景，30张机票，不到2小时就送了出去。

一篇文章引发一场百万人躁动的“现象级”事件，而且全程并没有KOL、明星大V等额外的宣传推广，却能够引发如此高的关注度，确实是一次成功的爆品案例。

鉴于“逃离北上广”的成功，“新世相”很快又做了一场“丢书大作战”的活动。“丢书大作战”源于英国伦敦的一个公益组织，而让这个图书分享活动火爆的真正原因是《哈利·波特》中扮演的女神学霸赫敏的英国女演员艾玛·沃特森。艾玛·沃特森在今年成立的妇女权益读书会联合伦敦的这个公益组织发起读书分享活动。希望大家利用通勤的时间读会儿书，为了激起大家的读书欲望，她就把书籍藏在了地铁里，还在书中附上亲自手写的纸条，让大家像玩游戏般自己去寻找。

“丢书大作战”从伦敦蔓延到纽约，然后又蔓延到中国。2016年11月15日发表于公众号“新世相”的一篇文章《我准备了10000本书，丢在北上广地铁和你路过的地方｜丢书大作战》瞬间引起了大众的关注和转发，“丢书大作战”一战即发。

“现在是早上 8：00。从现在起，我们会把 10000 本书丢在北京、上海、广州的地铁、航班和顺风车里——一切你可能路过的地方。看看你身边的角落，缝隙，座位，能不能找到它们，找不到也没关系。如果一切顺利，不管你在哪座城市，它们早晚会出现在你身边。而如果我们的力量不够大，你是不是愿意一起丢下第10001本？”

一时间，丢书活动如火如荼地开展起来，更有明星一起为活动造势：黄晓明在北京14号地铁里丢了他选择的16本书，并在每本书里留下了一张字条；徐静蕾早早选好了她要丢的书；张天爱在上海的高铁站里丢了自己的书；张静初抱着一摞书从将台站上车，里面有《我的名字叫红》；董子健选了《少年巴比伦》，从留言来看，他很喜欢作家路内。

“新世相”通过“逃离北上广”和地铁“丢书大作战”，使得丢书活动在微博、微信“炸”开，粉丝量暴涨。

【营销亮点】

还是那句话，没有无缘无故的爆文。

事实上，为引爆这篇《我买好了30张机票在机场等你：4小时逃离北上广》，“新世相”做了扎实的预热，在微博上，新世相于7月7日发布活动预告，“周五早上8点，我会在【新世相】发起一个行动：4小时后逃离北上广”，规则保密，并提出悬念：“怎么逃离？为什么逃离？倒计时15个小时！”同日，在微信上发出“异常”推送，一改平时在晚间22点到24点的推送习惯，提前在21点28分就推送了一篇《我刚刚决定不结婚了——18个说干就干的故事，和18个想逃逃不掉的故事》，摘要为“明早8点，我带你马上离开”。文中对第二天的活动进行了神秘预告，文章阅读量达到8万以上，得到充分曝光，同时又留下悬念，引发大家进一步的关注，甚至有粉丝为此设置了第二天早上8点的闹钟提醒。

当然，从活动话题和规则来看，“逃离北上广”这样的话题本身就是长期热议话题，穹顶之下的雾霾，高涨的房价，一线城市巨大的生活压力，逃离北上广本身就形成了一个被人们关注的热门话题。按照活动规则，免费机票名额有限，只有30张，提供物质奖励的同时营造了稀缺感；目的地未知，同时，拿到机票的参与者还需完成一系列奇葩有趣的任务，比如“认识一位董小姐，约她吃碗牛肉面”“飞香港，找黄大仙算命”，活动大大激发了参与者的探索欲。

“丢书大作战”活动同样谋划了很久，也很用心。首先，活动主办方先与伦敦地铁读书行动负责人取得联系，对她们的创意表达谢意，并得到了她的支持。然后邀请各个领域有影响力的朋友、出版社，和京港地铁、海南航空等公共交通服务商，一起让这件事成为可能。

紧接着为 #丢书大作战# 开发了专属网站和线上系统。你可以看到，什么人，在什么时间，什么地点，丢下了哪本书，又被谁捡到了。

【痛点解析】

该案例的爆品驱动因素：探索——互动。

很多内容创作者还停留在获取10万+阅读量的时候，“新世相”已经开始想办法激活粉丝了。

“这一次，我希望激起一次集体行动，希望所有人能够做自己的主，现在就去做一件想做而没做的事：一次马上出发的旅行，一次告白，甚至一个电话。”

“今天开始，我们可以试着多做一件事，让拥挤的地铁和乏味的城市变得不一样。”

从“新世相”的推文中可以看到，这个以做内容见长的公众号并不满足于仅仅依靠文字的力量带来一些安慰，而是希望可以“动”起来，让这个力量变得真实可信。

陈／轩／点／评

炒作热议话题，跨出平台、跨出内容，从内容的价值观植入到通过事件营销提高社群的凝聚力，并通过与品牌合作的营销活动，实现真正的变现。“新世相”的实践为内容创造者提供了新的变现路径。

一篇带有70个错别字的公益文：带来1亿人的狂欢

【案例简述】

每年的3月22日为“世界水日”，宗旨是唤起公众的节水意识，保护水资源。我们也常常看到关于保护水资源的公益广告，内容、风格大多都是严肃无趣的科普教育。2017年3月，在世界水日来临之际，方太联合中国妇女发展基金会、京东公益发起了一场别开生面的公益行动——#给你我的水#，变成了一场全民公益大联欢。

这场行动开始于3月20日，方太在微博发出了《一封带有70个错别字的公益联名信》，这封联名信错字连篇，但是内容非常有趣，不仅丝毫不影响阅读，反而让这封信看起来更加有爱。信的主旨是号召企业和个人参与到他们的#给你我的水#公益行动中，参与形式别出心裁，不是募集善款，也不是为缺水地区捐助饮水，而是捐出品牌或自己名字中的“氵”或“冫”偏旁，感受下“没有水”的不便，募集够100万个含有水的名字后，方太就会为缺水地区陕西省白水县捐建母亲水窖。

方太率先捐出名字中的水，称自己为方太水槽“先”碗机，50多家品牌、媒体、机构也作出了响应，纷纷捐出名字里的水，包括雀巢优活、海信电视、汉堡王中国、吉利汽车等。这场活动有趣又有爱，马上掀起一阵波澜，发酵成为热门话题，也引发越来越多的企业、高校、网友的爱心接力，声势愈演愈烈。活动才3天，就已经募集了50多万的捐名；到3月底，方太就已超额募集了115万个名字，微博话题也有1.2亿的阅读量。

方太借此活动，让更多人关注缺水问题，表达了一份爱心与善意，同时也让更多人关注到其产品“省水”的优点，方太水槽洗碗机的卖点之一就是洗一次碗只需消耗3瓶矿泉水的水量，是节约用水的表率，既体现了他们的一份社会责任感，也提升了品牌好感度。

【营销亮点】

在活动参与形式的设计上，简单有趣易分享，参与门槛低，可以捐出人名、地名，@3位名字中有水的好友即可参与。活动在微博上火爆进行的同时，在微信朋友圈也投放了H5进行传播，只要输入名字生成歌曲并分享就完成了捐名，参与者可以看到自己是第多少位参与者，并且乐于呼朋唤友来捐名。这样的参与形式有趣有爱，从而激发网友探索、参与的兴趣，心甘情愿地分享给自己社交圈内的成员，形成互动与转发，进而形成病毒性传播。

【痛点解析】

该案例的爆品驱动因素：探索——互动。

借势公益日，以保护水资源的名义发起公益行动，邀请互动参与，而参与者也乐于参与、转发分享，亮出自己的态度，展示自己的公益心。组织者则借助活动释放品牌文化里“善”的一面。对于缺水地区来说，一两次的捐水捐款是远远不够的，方太借此公益行动引导更多人关注和帮助缺水地区，引发大家关注缺水问题，既展现了品牌的社会责任感，也赢得了消费者的好感。

陈／轩／点／评

需要提醒的是，设计奇特创意出位的文案，一定不要打无准备之仗，事先要想清楚：到底会有多少人跟你玩？这是寻求互动类文章最头疼的事情。方太这篇错别字文，事先算好了人数：中国人名字里往往寄托了美好的寓意，比如带“氵”或“冫”的字，就有很多美好寓意，比如“博大精深”“汹涌澎湃”“五湖四海”“冰清玉洁”“江山如画”“微波粼粼”等。在中国，带水的名字就不少于1亿人。所以，方太才如此有把握。

一篇只有38个字的短文：为啥火遍朋友圈

【案例简述】

2017年6月21日，新华社在公众号推了一篇《刚刚，沙特王储被废了》的推文，全文38个字，还是一则不痛不痒的国际新闻，却一时间刷爆了互联网，点赞数都超过了10万＋。

有人说，新闻越短，事越大。新华社官微发布的这条全文只有38个字新闻，一时间刷爆了朋友圈，但是引起大众兴趣和骚动的并不是内容本身，反倒是新华社公众号的运营小编。

起先引起网友讨论转发的原因就是这么简短的一则新闻，竟然有三位编辑，网友提出质疑“就9个字还用了三个编辑”？而更让人捧腹大笑的是新华社小编的神回复：“王朝负责‘刚刚’，关开亮负责‘被废’，陈子夏负责‘沙特王储’，有意见？？？”

看到这么傲娇又不失幽默的回复，网友们瞬间炸了锅，在评论区开始调侃、卖萌，吃瓜群众一时间都搬来小板凳坐等段子手们出招儿，真是一场欢乐秀！

也许这篇文章爆火的原因有很大的偶然性，但是对于受众的诱导和参与在这里可谓是做到了极致，这在一方面也考量了运营人的综合素质。当网友开始发声“9个字用了三个小编”的时候，剧情就开始反转了，新华社小编的幽默感极大激发了受众的参与度。

【营销亮点】

那么，如何智慧回复评论呢？这篇文章带给我们以下几点启发：

1. 设置提问，邀请回复

通常的做法是，文章发布后，自己在下面发布一条邀请回复或者吸引回复的留言。还有一种娱乐媒体的惯用做法，在文章结尾来一句诸如“你觉得呢？”的提问，邀请读者参与回复。这个做法很靠谱，据一项调查显示，对于一般的文章，只有1%的人会留下评论。设置提问，结果将会大为改善。

2. 快速行动，有回有应

如果看到有人发表了评论，一定要积极响应，这样做才能让你的读者知道他们的评论受到重视，营造出一种交流互动的氛围。

3. 保留负评，营造真实感

不要害怕来自读者的批评和争辩。仁者见仁，智者见智，不同读者意见不可能全部一致。你因为批评、争辩而不通过甚至删除了评论，这会让读者很失望，后面想继续评论的人就没有动力了。出现反对意见，在回复中表现出虚心接受即可。切记不要和留言的人对着干。

4. 针对不同人做不同回复

文字代表心声，粉丝有各种类型，但是通过他们的留言可以略知其性格。对于不同的留言，可以采取不同的回复方式。比如，幽默的高阶是敢于自黑，你可以适当来点自嘲；你也可以秒变正经，针对留言提出不同观点，并加以深度分析，碾压之；你还可以时不时用“金句”回复，或把文章中的关键句加以扩展，或修改名言名句，变换场景，形成金句。

【痛点解析】

该案例的爆品驱动因素：探索——互动参与。

区区一篇快讯，为何一度成为了朋友圈津津乐道的谈资呢？

在文章逐渐扩散的时候，评论的话题边沿也在逐渐扩大，探索人与人之间的边际，就成为了这场互动的主题，谈人生哲学，谈游戏，谈文字，小编不厌其烦一一作答，很多网友表示“评论比内容精彩多了”，一个有血有肉有人情味的小编站起来了。

现在很多“尾部读者”，他们看评论比看文章还带劲，有些人甚至连文章都没看，就拉下来看评论。所以，利用评论和读者互动，也是促成爆文的一种手段。

陈／轩／点／评

评论为什么会催生爆文？当评论量很多的时候，意味着文章吸引了读者，这时候利用评论互动，就可以把阅读量快速提升上去。事实上，评论越多，文章的权重将大大提升，从而在搜索排名上占有优势。有时候评论内容反而被搜索引擎喜欢而给你一个好的排名。文章被评论，一方面可以增加网友停留时间，这是一个搜索引擎非常看重的“网页质量”因素，访客在页面停留时间越长，搜索引擎则认为这个页面被关注程度越高；另一方面，可以提升网页的活跃程度，搜索引擎非常喜欢活跃度高的页面，在排名上当然优先；再者，文章评论相当于增加了网页的内容，让搜索引擎觉得这个网页是新鲜的，也会因此给你靠前的排名。